KB087205

#2주+2주
#쉽게
#빠르게
#재미있게

**한자 전략
완성**

한자 전략
시리즈 구성 1단계~6단계

8급
1단계 A, B

7급 II
2단계 A, B

7급
3단계 A, B

6급 II
4단계 A, B

6급
5단계 A, B

5급 II
6단계 A, B

심화 학습

심화 한자로 익히는
교과 학습 한자어

급수별 배정 한자 수록
한자 쓰기장

실제 시험 대비
모의 평가

쉽게, 빠르게, 재미있게!
부모님과 함께하는 한자 전략

한자의 모양 · 음(소리) · 뜻을 빠짐없이 완벽 습득

- 한 번에 한자를 떠올릴 수 있게 도와줄 그림과 빈칸 채우기 활동으로 한자를 기억할 수 있도록 지도해 주세요.

- 다양한 문제를 풀며 반복 학습을 할 수 있게 해 주세요.

뜻부터 활용까지 알찬 한자어 학습

- 한자어와 관련된 그림을 보며 한자어의 의미를 떠올리도록 지도해 주세요.

- 한자어가 활용된 문장을 함께 읽으며 생활 속 어휘 실력을 키워 주세요.

기출 유형부터 창의력 UP 신유형 문제까지!

- 다양한 급수 시험 유형 문제를 통해 효율적으로 시험을 대비할 수 있도록 지도해 주세요.

- 만화, 창의·융합·코딩, 신유형·신경향·서술형 문제를 풀며 재미있게 공부하도록 이끌어 주세요.

Chunjae
Makes
Chunjae

▼

[한자 전략]

편집개발   이수현, 안소정
디자인총괄   김희정
표지디자인   윤순미, 김주은
내지디자인   박희춘, 유보경
삽화   권순화, 김수정, 이예지, 장현아
제작   황성진, 조규영

발행일   2023년 3월 1일 초판 2023년 3월 1일 1쇄
발행인   (주)천재교육
주소   서울시 금천구 가산로9길 54
신고번호   제2001-000018호
고객센터   1577-0902

한자
전략

3단계 A 7급 ①

전편

이 책의 **구성과 특징**

주 도입 **만화**

재미있는 만화를 보면서 한 주에 학습할 한자를
미리 만나 볼 수 있습니다.

급수 한자 **돌파 전략 ❶, ❷**

급수 한자 돌파 전략 ❶에서는 주제별로 뽑은
급수 한자의 모양·음(소리)·뜻을 학습합니다.

급수 한자 돌파 전략 ❷에서는 문제를 풀며
학습 내용을 확인합니다.

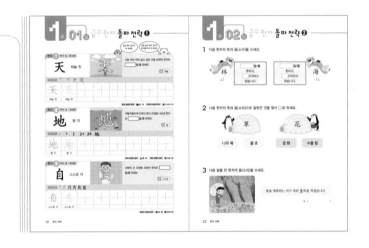

급수 한자어 **대표 전략 ❶, ❷**

급수 한자어 대표 전략 ❶에서는 1, 2일차에서
학습한 한자가 포함된 대표 한자어를 학습합니다.

급수 한자어 대표 전략 ❷에서는 문제를 풀며
한자어의 뜻과 활용을 복습합니다.

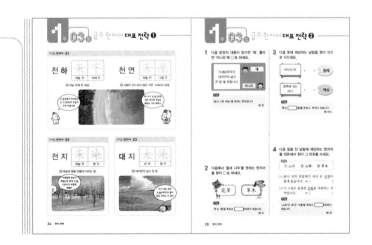

급수 시험 **체크 전략 ❶, ❷**

급수 시험 체크 전략 ❶은 시험에 꼭 나오는
유형을 모아 학습합니다.

급수 시험 체크 전략 ❷에서는 실전 문제를
풀어 보며 시험을 대비합니다.

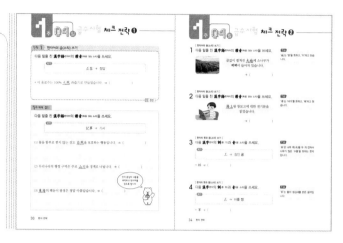

주 마무리

누구나 **만점 전략**

누구나 풀 수 있는 쉬운 문제를 풀며 학습 자신감을
높일 수 있습니다.

창의·융합·코딩 **전략 ❶, ❷**

융·복합적 사고력을 길러 주는 재미있는 문제를
만날 수 있습니다.

권 마무리

전·후편 마무리 **전략**

만화를 보며 학습을 재미있게 마무리할
수 있게 하였습니다.

신유형·신경향·서술형 **전략**

문제 해결력을 기를 수 있는 새로운
문제들을 단계별로 제시하였습니다.

적중 예상 **전략 1~2회**

총 2회로 실제 급수 시험을 준비할 수 있도록
구성하였습니다.

교과 학습 한자어 **전략**

교과 학습 시 자주 만나는 한자어와 5급 심화
한자를 함께 학습할 수 있도록 구성하였습니다.

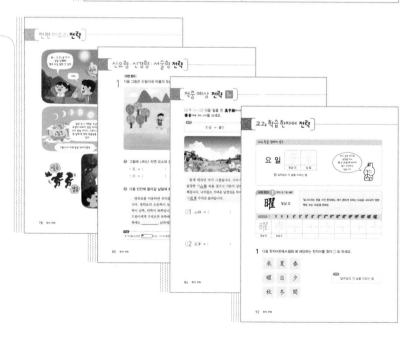

이 책의 **차례**

7급 배정 한자 총 150자

ㄱ

家	歌	間	江	車
집 가	노래 가	사이 간	강 강	수레 거 | 수레 차
空	工	敎	校	九
빌 공	장인 공	가르칠 교	학교 교	아홉 구
口	國	軍	金	旗
입 구	나라 국	군사 군	쇠 금 | 성 김	기 기
記	氣	男	南	內
기록할 기	기운 기	사내 남	남녘 남	안 내
女	年	農	答	大
여자 녀	해 년	농사 농	대답 답	큰 대
道	冬	洞	東	動
길 도	겨울 동	골 동 | 밝을 통	동녘 동	움직일 동
同	登	來	力	老
한가지 동	오를 등	올 래	힘 력	늙을 로
六	里	林	立	萬
여섯 륙	마을 리	수풀 림	설 립	일만 만

ㄴ (男 위)
ㄷ (答 위)
ㄹ (來 위)
ㅁ (萬 위)

每	面	命	名	母
매양 매	낯 면	목숨 명	이름 명	어머니 모
木	文	門	問	物
나무 목	글월 문	문 문	물을 문	물건 물
民	方	百	白	夫
백성 민	모 방	일백 백	흰 백	지아비 부
父	北	不	四	事
아버지 부	북녘 북 | 달아날 배	아닐 불	넉 사	일 사
算	山	三	上	色
셈 산	메 산	석 삼	윗 상	빛 색
生	西	夕	先	姓
날 생	서녘 서	저녁 석	먼저 선	성 성
世	所	小	少	手
인간 세	바 소	작을 소	적을 소	손 수
數	水	時	市	食
셈 수	물 수	때 시	저자 시	밥/먹을 식

植	室	心	十	^ㅇ 安
심을 식	집 실	마음 심	열 십	편안 안
語	然	午	五	王
말씀 어	그럴 연	낮 오	다섯 오	임금 왕
外	右	月	有	育
바깥 외	오를/오른(쪽) 우	달 월	있을 유	기를 육
邑	二	人	一	日
고을 읍	두 이	사람 인	한 일	날 일
入	^ㅈ 字	自	子	長
들 입	글자 자	스스로 자	아들 자	긴 장
場	電	前	全	正
마당 장	번개 전	앞 전	온전 전	바를 정
弟	祖	足	左	主
아우 제	할아버지 조	발 족	왼 좌	임금/주인 주
住	中	重	地	紙
살 주	가운데 중	무거울 중	땅 지	종이 지

直	ㅊ 川	千	天	靑
곧을 직	내 천	일천 천	하늘 천	푸를 청
草	寸	村	秋	春
풀 초	마디 촌	마을 촌	가을 추	봄 춘
出	ㅌ 七	土	ㅍ 八	便
날 출	일곱 칠	흙 토	여덟 팔	편할 편 | 똥오줌 변
平	ㅎ 下	夏	學	韓
평평할 평	아래 하	여름 하	배울 학	한국/나라 한
漢	海	兄	花	話
한수/한나라 한	바다 해	형 형	꽃 화	말씀 화
火	活	孝	後	休
불 화	살 활	효도 효	뒤 후	쉴 휴

자연 한자

비가 많이 내리네.

어떡해! 비 때문에 꽃[花]들이 엉망이야. 꽃잎도 전부 땅[地]에 떨어지고.

풀[草]들은 아주 잘 사는데[活]?

어, 앵무다!

저러다 마당이 수풀[林]이 되겠어. 하늘[天]에 구멍이 뚫렸는지, 비가 그치질 않네.

저렇게 모인 빗물은 어디로 갈까?

음-, 집?

뭐?

3단계 A 전편

학습할 한자

❶ 天 하늘 천 ❷ 地 땅 지 ❸ 自 스스로 자 ❹ 然 그럴 연 ❺ 活 살 활
❻ 力 힘 력 ❼ 林 수풀 림 ❽ 草 풀 초 ❾ 花 꽃 화 ❿ 川 내 천
⓫ 江 강 강 ⓬ 海 바다 해

앵무야! 넌 알지?

내[川] → 강[江] → 바다[海]

저 빗물들은 모여서 내[川]가 되지. 냇물은 흐르고 흘러서 강[江]이 되고, 강은 다시 바다[海]와 합쳐져.

드림아, 들었지? 집 아니야.

드림이가 틀린 것은 아냐.

바닷물이 햇볕을 받으면 수증기가 되어 하늘로 올라가거든. 마당의 빗방울이 하늘에서 떨어진 거니까……

빗방울은 계속 돌고 도는 거라고. 내 말이 맞지?

응. 그래.

그런 셈이지. 자, 이제 너희도 하던 자연 한자 공부로 돌아가야겠지?

너무해!

점선 위로 겹쳐서 써 보세요.

연한 글씨 위로 겹쳐서 한자를 따라 써 보세요.

한자 ① 부수 大 | 총 4획

天 하늘 천

사람 머리 위의 높고 넓은 곳을 표현한 한자로 ☐☐☐을/를 뜻해요.

답 하늘

쓰는 순서 一 二 チ 天

天 하늘 천   天 하늘 천

뜻이 반대인 한자 地(땅 지)   모양이 비슷한 한자 夫(지아비 부)

한자 ② 부수 土 | 총 6획

地 땅 지

꾸불꾸불하게 이어진 땅의 모양을 나타낸 한자로 ☐☐☐을/를 뜻해요.

답 땅

쓰는 순서 一 十 土 丬 圵 地

地 땅 지   地 땅 지

뜻이 비슷한 한자 土(흙 토)   뜻이 반대인 한자 天(하늘 천)

한자 ③ 부수 自 | 총 6획

自 스스로 자

사람의 코 모양을 표현한 한자로 ☐☐☐을/를 뜻해요.

답 스스로

쓰는 순서 ′ 冂 冃 自 自 自

自 스스로 자   自 스스로 자

모양이 비슷한 한자 白(흰 백), 百(일백 백)

1 한자의 뜻이나 음(소리)을 바르게 나타낸 것에 <u>모두</u> ○표 하세요.

2 그림에서 한자 '스스로 자'를 따라가 미로를 탈출하세요.

점선 위로 겹쳐서
써 보세요.

연한 글씨 위로 겹쳐서
한자를 따라 써 보세요.

한자 ④ 부수 火(灬) | 총 12획		
然 그럴 연	然	다른 사람의 의견에 찬성한다는 의미가 담긴 한자로 [ ]을/를 뜻해요. 답 그러하다

쓰는 순서 丿 勹 夕 夕 夘 纵 纵 纵 然 然 然 然

然	然						
그럴 연	그럴 연						

한자 ⑤ 부수 水(氵) | 총 9획		
活 살 활	活	물의 흐름처럼 몸속 혈액이 원활히 움직이고 있음을 나타낸 한자로 [ ]을/를 뜻해요. 답 살다

쓰는 순서 丶 丶 氵 氵 汗 汗 活 活 活

活	活						
살 활	살 활						

한자 ⑥ 부수 力 | 총 2획		
力 힘 력	力	근육을 통해 사람이나 사물을 움직이게 하는 능력을 나타낸 한자로 [ ]을/를 뜻해요. 답 힘

쓰는 순서 フ 力

力	力						
힘 력	힘 력						

3 퀴즈의 정답을 바르게 말한 학생을 찾아 ○표 하세요.

> 뜻이 '그러하다'이고, 음(소리)이 '연'인 한자는?

4 섬에 쓰여 있는 뜻과 음(소리)에 해당하는 한자를 찾아 선으로 이으세요.

1 다음 한자의 뜻과 음(소리)으로 알맞은 것을 찾아 선으로 이으세요.

天 ·　　　　· 하늘 ·　　　　· 지

地 ·　　　　· 땅 ·　　　　· 천

2 다음 문장의 내용이 맞으면 '예', 틀리면 '아니요'에 ○표 하세요.

'自'의 뜻과 음(소리)은 '흰 백'입니다.　예　아니요

'力'의 뜻과 음(소리)은 '힘 력'입니다.　예　아니요

3 다음 뜻에 해당하는 한자를 찾아 ∨표 하세요.

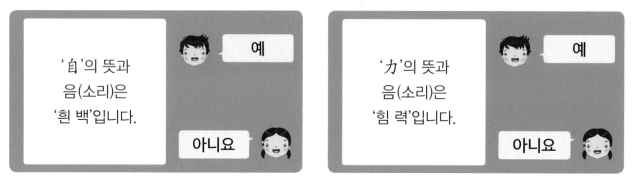

살다　　　　그러하다

□ 活　　□ 自　　□ 川　　□ 然

4 다음 밑줄 친 낱말에 해당하는 한자를 쓰세요.

<u>스스로</u> 청소하는 습관을 들여야 합니다.

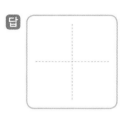

5 다음 한자 카드에 들어갈 한자나 한자의 뜻과 음(소리)을 빈칸에 쓰세요.

그럴 연

6 다음 밑줄 친 한자의 음(소리)으로 알맞은 것을 찾아 ○표 하세요.

동물원에서 기린 가족이 생<u>活</u>하는 모습을 보았습니다.

활   자

점선 위로 겹쳐서 써 보세요.

연한 글씨 위로 겹쳐서 한자를 따라 써 보세요.

한자 1 부수 木 | 총 8획

林 수풀 림

나무들이 모여 있는 모습을 표현한 한자로 [ ]을/를 뜻해요.

답 수풀

쓰는 순서 一 十 才 木 木 杆 材 林

林	林							

수풀 림 수풀 림

한자 2 부수 艸(艹) | 총 10획

草 풀 초

풀의 생김새를 나타낸 한자로 [ ]을/를 뜻해요.

답 풀

쓰는 순서 一 十 卄 芒 芏 节 节 苩 草 草

草	草							

풀 초 풀 초

한자 3 부수 艸(艹) | 총 8획

花 꽃 화

땅속에 뿌리를 박고 꽃을 피운 모습에서 [ ]을/를 뜻하게 되었어요.

답 꽃

쓰는 순서 一 十 卄 艹 艿 芢 花

花	花							

꽃 화 꽃 화

1 다음 한자의 뜻을 찾아 선으로 이으세요.

林   草

수풀   꽃   강   풀

2 그림에서 한자 '꽃 화'를 <u>모두</u> 찾아 ○표 하세요.

점선 위로 겹쳐서 써 보세요.

연한 글씨 위로 겹쳐서 한자를 따라 써 보세요.

한자 4 부수 巛(川) | 총 3획

川 내 천

물이 굽이쳐 흐르는 모습을 나타낸 한자로 ☐을/를 뜻해요.

답 내(개울)

쓰는 순서 ﾉ 丿 川 川

川 川

내 천 내 천

한자 5 부수 水(氵) | 총 6획

江 강 강

흙을 높이 쌓아 넘치는 강물을 다스린다는 의미로, ☐을/를 나타내요.

답 강

쓰는 순서 丶 丶 氵 氵 汀 江 江

江 江

강 강 강 강

뜻이 반대인 한자 山(메 산) 모양이 비슷한 한자 工(장인 공)

한자 6 부수 水(氵) | 총 10획

海 바다 해

파도가 치는 거센 물을 나타낸 한자로 크고 넓은 ☐을/를 뜻해요.

답 바다

쓰는 순서 丶 丶 氵 氵 汇 汇 海 海 海 海

海 海

바다 해 바다 해

모양이 비슷한 한자 母(어머니 모), 每(매양 매)

3 배에 쓰여 있는 뜻과 음(소리)에 해당하는 한자를 찾아 고리를 선으로 이으세요.

4 그림에서 한자 '강 강'을 따라가 강을 건너세요.

1 다음 한자의 뜻과 음(소리)을 쓰세요.

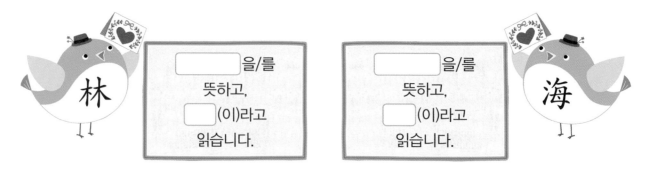

林
□□□□을/를
뜻하고,
□(이)라고
읽습니다.

□□□□을/를
뜻하고,
□(이)라고
읽습니다.
海

2 다음 한자의 뜻과 음(소리)으로 알맞은 것을 찾아 ○표 하세요.

草

나무 목   풀 초

花

꽃 화   수풀 림

3 다음 밑줄 친 한자의 음(소리)을 쓰세요.

봄을 재촉하는 비가 내려 草목을 적셨습니다.

→ (   )

4 다음 문장의 내용이 맞으면 '예', 틀리면 '아니요'에 ○표 하세요.

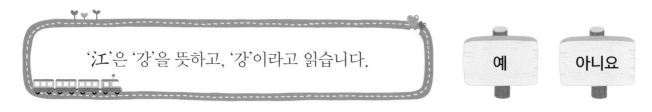

'江'은 '강'을 뜻하고, '강'이라고 읽습니다.

예   아니요

5 다음 음(소리)에 해당하는 한자를 찾아 ∨표 하세요.

천

□ 川   □ 江   □ 海

6 사다리를 타고 내려가 뜻과 음(소리)이 바르게 이어진 한자에 ○표 하세요.

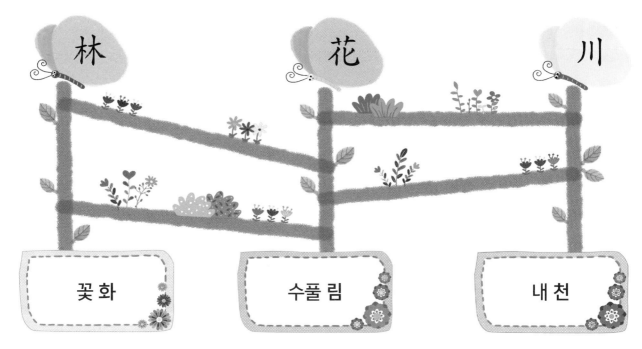

林   花   川

꽃 화   수풀 림   내 천

대표 한자어 01

천 하

天	下
하늘 천	아래 하

뜻 하늘 아래 온 세상.

천 연

天	然
하늘 천	그럴 연

뜻 사람이 건드리지 않은 자연 그대로의 상태.

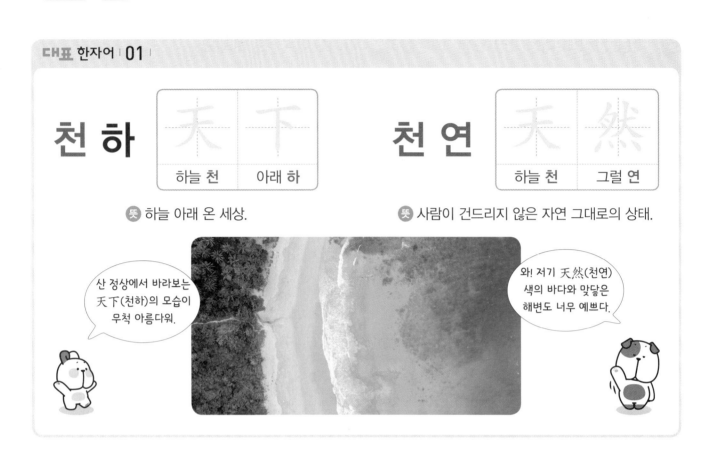

산 정상에서 바라보는 天下(천하)의 모습이 무척 아름다워.

와! 저기 天然(천연) 색의 바다와 맞닿은 해변도 너무 예쁘다.

대표 한자어 02

천 지

天	地
하늘 천	땅 지

뜻 하늘과 땅을 아울러 이르는 말.

어젯밤에 첫눈이 내렸는데, 밤새 天地(천지)가 하얗게 변했어.

대표 한자어 03

대 지

大	地
큰 대	땅 지

뜻 대자연의 넓고 큰 땅.

비가 내린 후에 大地(대지)의 풀이 쑥쑥 자라는 것 같아.

대표 한자어 | 04 |

활 력

活	力
살 활	힘 력

뜻 살아 움직이는 힘.

학생들은 체육 시간만 되면 活力(활력)이 넘쳐.

대표 한자어 | 05 |

자 연

自	然
스스로 자	그럴 연

뜻 산, 들, 강, 계곡, 바다 등과 같이 저절로 생긴 환경.

눈을 감고 숨을 깊게 들이마시면서 自然 (자연)을 느껴 봐.

대표 한자어 | 06 |

자 력

自	力
스스로 자	힘 력

뜻 자기 혼자의 힘.

나는 대학을 自力(자력)으로 졸업했어.

대표 한자어 07

초목

草	木
풀 초	나무 목

뜻 풀과 나무.

봄이 되니 온갖 草木(초목)에 물이 오르고 싹이 텄네.

화초

花	草
꽃 화	풀 초

뜻 꽃이 피는 풀과 나무.

맞아! 우리집 마당에 있는 花草(화초)들도 꽃망울을 맺기 시작했어.

대표 한자어 08

산림

山	林
메 산	수풀 림

뜻 산과 숲. 산에 있는 숲.

주말에는 山林(산림) 캠핑장에서 야영을 하는 사람들이 많아.

대표 한자어 09

산천

山	川
메 산	내 천

뜻 산과 내.

봄이 되면 山川(산천)에 활짝 핀 진달래 꽃잎을 따다가 화전을 만들 수 있어!

대표 한자어 | 10

동 해

東	海
동녘 동	바다 해

뜻 동쪽에 있는 바다.

많은 사람들이
東海(동해)에 가서
새해 첫 해돋이를 봐.

대표 한자어 | 11

강 산

江	山
강 강	메 산

뜻 강과 산.

우리나라의
江山(강산)만큼
아름다운 곳이
또 있을까?

대표 한자어 | 12

해 상

海	上
바다 해	윗 상

뜻 바다의 위.

지금 서해
海上(해상)에는
폭풍 경보가 발효
중입니다.

1 다음 문장의 내용이 맞으면 '예', 틀리면 '아니요'에 ○표 하세요.

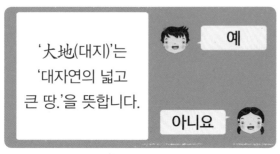

'大地(대지)'는 '대자연의 넓고 큰 땅.'을 뜻합니다.

예

아니요

Tip

'地'는 (땅, 하늘)을 뜻하는 한자입니다.

답 땅

2 다음에서 '풀과 나무'를 뜻하는 한자어를 찾아 ○표 하세요.

花草   草木

Tip

'草'는 '풀'을 뜻하고, [   ](이)라고 읽습니다.

답 초

3 다음 뜻에 해당하는 낱말을 찾아 선으로 이으세요.

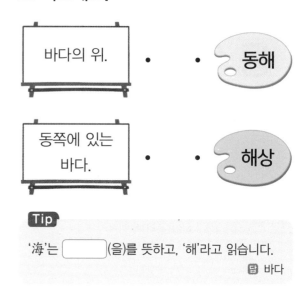

바다의 위. •   • 동해

동쪽에 있는 바다. •   • 해상

Tip

'海'는 [   ](을)를 뜻하고, '해'라고 읽습니다.

답 바다

4 다음 밑줄 친 낱말에 해당하는 한자어를 보기 에서 찾아 그 번호를 쓰세요.

보기

① 山川   ② 山林   ③ 草木

(1) 봄이 되면 진달래가 피어 온 산천이 붉게 물듭니다. ➡ (   )

(2) 이 고장은 울창한 산림을 자랑하는 지역입니다. ➡ (   )

Tip

'山林'의 '林'은 '수풀'을 뜻하고, [   ](이)라고 읽습니다.

답 림

5 다음 뜻에 해당하는 낱말을 찾아 ○표 하세요.

강과 산.

화초   강산

Tip

'江山'의 '江'은 '강'을 뜻하고, ☐(이)라고 읽습니다.

답 강

6 다음에서 '花(꽃 화)'가 들어 있는 낱말을 찾아 ○표 하세요.

화초   대화

Tip

'화초'는 '☐이/가 피는 풀과 나무.'를 뜻합니다.

답 꽃

7 다음 낱말 퍼즐을 푸세요.

가로 열쇠

❶ 하늘과 땅을 아울러 이르는 말.
❷ 산, 들, 강, 계곡, 바다 등과 같이 저절로 생긴 환경.
❹ 살아 움직이는 힘.

세로 열쇠

❶ 하늘 아래 온 세상.
❷ 자기 혼자의 힘.
❸ 사람이 건드리지 않은 자연 그대로의 상태.

Tip

'사람이 건드리지 않은 자연 그대로의 상태.'를 뜻하는 한자어는 (天下, 天然)입니다.

답 天然

전략 1 한자어의 음(소리) 쓰기

다음 밑줄 친 漢字語한자어의 讀音(독음: 읽는 소리)을 쓰세요.

> 보기
>
> 正答 ➡ 정답

• 이 음료수는 100% **天然** 과즙으로 만들었습니다. ➡ (   )

답 천연

필수 예제 01

다음 밑줄 친 漢字語한자어의 讀音(독음: 읽는 소리)을 쓰세요.

> 보기
>
> 記事 ➡ 기사

(1) 꽃을 함부로 꺾지 않는 것도 **自然**을 보호하는 행동입니다. ➡ (   )

(2) 우리나라의 행정 구역은 주로 **山川**을 경계로 나뉩니다. ➡ (   )

> 먼저 문장의 내용을 파악하고 한자어를 읽도록 합니다.

(3) **東海**의 해돋이 광경은 정말 아름답습니다. ➡ (   )

전략 2 한자의 뜻과 음(소리) 쓰기

다음 漢字한자의 訓(훈: 뜻)과 音(음: 소리)을 쓰세요.

보기

工 ➡ 장인 **공**

• 天 ➡ (   )

답 하늘 천

필수 예제 02

다음 漢字한자의 訓(훈: 뜻)과 音(음: 소리)을 쓰세요.

보기

物 ➡ 물건 **물**

(1) 地 ➡ (   )

(2) 然 ➡ (   )

한자의 뜻과 음(소리)은
반드시 '한국어문회'에서
제시한 대표 뜻과 음(소리)으로
써야 합니다.

(3) 川 ➡ (   )

전략 **3**   뜻과 음(소리)에 맞는 한자 찾기

다음 訓(훈: 뜻)과 音(음: 소리)에 맞는 漢字한자를 보기 에서 찾아 그 번호를 쓰세요.

> 보기
>
> ① 自   ② 力   ③ 林   ④ 草

● 풀 초 ➡ (   )

답 ④

필수 예제 | 03 |

다음 訓(훈: 뜻)과 音(음: 소리)에 맞는 漢字한자를 보기 에서 찾아 그 번호를 쓰세요.

> 보기
>
> ① 天   ② 地   ③ 海   ④ 活

(1) 살 활 ➡ (   )

(2) 하늘 천 ➡ (   )

'한국어문회'에서
제시한 대표 뜻과 음(소리)을
반드시 알아 두어야 합니다.

(3) 바다 해 ➡ (   )

전략 4 제시된 한자어 찾기

다음 밑줄 친 漢字語한자어를 보기 에서 찾아 그 번호를 쓰세요.

보기

① 花草   ② 山林   ③ 山川   ④ 大地

• 산림을 보호하기 위해 다음 달까지 등산객의 입장을 제한합니다. ➡ (   )

답 ②

필수 예제 04

다음 밑줄 친 漢字語한자어를 보기 에서 찾아 그 번호를 쓰세요.

보기

① 活力   ② 天地   ③ 江山   ④ 天下

(1) 흰 눈이 천지를 뒤덮었습니다. ➡ (   )

(2) 적당한 운동은 우리 생활에 활력을 줍니다. ➡ (   )

먼저 글 속에 쓰인 말의 뜻을 알아내고, 그 뜻에 해당하는 한자어를 찾아내도록 합니다.

(3) 강산은 변했지만, 시골 인심은 그대로입니다. ➡ (   )

[한자어의 음(소리) 쓰기]

1 다음 밑줄 친 漢字語_{한자어}의 讀音(독음: 읽는 소리)을 쓰세요.

끝없이 펼쳐진 **大地**에 소나무가 빽빽이 들어차 있습니다.

➜ (　　　　　　　)

Tip

'地'는 '땅'을 뜻하고, '지'라고 읽습니다.

[한자어의 음(소리) 쓰기]

2 다음 밑줄 친 漢字語_{한자어}의 讀音(독음: 읽는 소리)을 쓰세요.

海上왕 장보고에 대한 전기문을 읽었습니다.

➜ (　　　　　　　)

Tip

'海'는 '바다'를 뜻하고, '해'라고 읽습니다.

[한자의 뜻과 음(소리) 쓰기]

3 다음 漢字_{한자}의 訓(훈: 뜻)과 音(음: 소리)을 쓰세요.

> **보기**
>
> 工 ➜ 장인 공

• 林 ➜ (　　　　　　)

Tip

'林'은 나무 목(木)을 두 개 겹쳐서 나무가 많은 '수풀'을 뜻하는 한자입니다.

[한자의 뜻과 음(소리) 쓰기]

4 다음 漢字_{한자}의 訓(훈: 뜻)과 音(음: 소리)을 쓰세요.

> **보기**
>
> 正 ➜ 바를 정

• 草 ➜ (　　　　　　)

Tip

'草'는 풀의 생김새를 본뜬 글자입니다.

[뜻과 음(소리)에 맞는 한자 찾기]

5 다음 訓(훈: 뜻)과 音(음: 소리)에 맞는 漢字한자를 보기에서 찾아 그 번호를 쓰세요.

> **보기**
> ① 花　　② 然　　③ 草　　④ 山

- 꽃 화 → (　　　　　)

Tip
'꽃 화'는 땅속에 뿌리를 박고 꽃을 피운 모습을 본뜬 글자입니다.

[제시된 한자어 찾기]

6 다음 밑줄 친 漢字語한자어를 보기에서 찾아 그 번호를 쓰세요.

> **보기**
> ① 自然　　② 天然　　③ 山林　　④ 江山

- 합성 섬유는 <u>천연</u> 섬유보다 질깁니다.
　　　　　　　　　→ (　　　　　)

Tip
'천연'은 '사람이 건드리지 않은 자연 그대로의 상태.'를 뜻합니다.

[제시된 뜻에 맞는 한자어 찾기]

7 다음 뜻에 맞는 漢字語한자어를 보기에서 찾아 그 번호를 쓰세요.

> **보기**
> ① 花草　　② 自力　　③ 草木　　④ 江山

- 자기 혼자의 힘.
　　　　　　　　　→ (　　　　　)

Tip
'자력'은 '스스로 자'와 '힘 력'이 합쳐진 한자어입니다.

누구나 만점 전략

01 다음 ☐ 안에 들어갈 한자를 보기 에서 찾아 그 번호를 쓰세요.

보기
① 地   ② 天   ③ 江

• 봄이 되자 大 ☐ 에서 파릇파릇
풀이 돋아나기 시작했습니다.
➡ (   )

02 다음 한자의 뜻과 음(소리)을 쓰세요.

보기
直 ➡ 곧을 **직**

(1) 然 ➡ (   )

(2) 川 ➡ (   )

03 다음 설명 에 해당하는 한자어를 빈 칸을 채워 완성하세요.

설명
산, 들, 강, 계곡, 바다 등과 같이
저절로 생긴 환경.

답

04 다음 밑줄 친 한자어의 음(소리)을 쓰세요.

보기
下車 ➡ 하차

• 이것은 방부제를 전혀 넣지 않은
天然 식품입니다.
➡ (   )

05 다음 ☐ 안에 들어갈 한자에 ○표 하세요.

이곳에 나무를 열심히 심고 가꾸면
언젠가 울창한 山 ☐ 이 될
것입니다.
(林 / 江)

06 다음 뜻과 음(소리)에 해당하는 한자를 보기 에서 찾아 그 번호를 쓰세요.

보기
① 天　　　② 江　　　③ 海

• 바다 해 ➡ (　　　　　　　)

07 다음 ☐ 안에 들어갈 한자를 보기 에서 찾아 그 번호를 쓰세요.

보기
① 然　　　② 力　　　③ 川

• 自 ☐ : 자기 혼자의 힘.
　　　　　　➡ (　　　　　　　)

08 다음 밑줄 친 낱말에 해당하는 한자어를 보기 에서 찾아 그 번호를 쓰세요.

보기
① 山川　② 山林　③ 草木

• 봄이 되면 온갖 초목에 싹이 틉니다.
　　　　　　➡ (　　　　　　　)

09 다음 밑줄 친 한자어의 음(소리)을 쓰세요.

규칙적인 운동은
생활에 *活力*을 줍니다.

➡ (　　　　　　　)

10 다음 밑줄 친 낱말에 해당하는 한자어를 보기 에서 찾아 그 번호를 쓰세요.

보기
① 天下　② 東海　③ 海上

• 가족과 함께 새해맞이를 위해 동해로 여행을 갔습니다.
　　　　　　➡ (　　　　　　　)

산에 와서 맑은 공기를 마시니까 기분이 정말 상쾌하네.

정말 좋다. 산에 와서 보는 天地는 평소와 다른 것 같아.

앗! 그런데 누가 저기 쓰레기를 버렸어.

自然을 잘 보전해야 우리가 이 아름다움을 계속 누릴 수 있는데…….

저기 귀여운 다람쥐가 있어! 집에 데려가서 키우면 좋겠다.

출입 금지

저기 '출입 금지'라는 글자 보이지? 야생 동물과 식물을 보호하기 위해 쓰여 있는 거야. 사람과 동식물이 함께 살아가기 위해서는 서로의 영역을 존중해 줘야 해.

출입 금지

自然을 보호하는 것이 생각보다 어려운 것은 아니구나.

창의 융합

1 위 대화를 읽고 자연을 보호하면서 등산하기 위해 지켜야 할 사항을 쓰세요.

➡ (　　　　　　　　　　　　　　　　　　　　　　　　　)

창의 융합

2 위 대화를 읽고 산림을 보호하기 위해 우리가 할 수 있는 일을 쓰세요.

→ (   )

창의·융합·코딩 전략 ❷

코딩

1 '출발' 지점에서 한자 '海'를 명령어 에 따라 한 칸씩 이동했을 때 옆에 있는 한자와 어울려 만들어지는 한자어의 음(소리)을 쓰세요.

• 한자어의 음(소리) ➡ (   )

2 다음 규칙 을 참고하여 구한 값이 얼마인지 쓰세요.

규칙

• 문제의 내용이 맞으면 '참', 틀리면 '거짓'의 숫자를 선택하여 ○표 합니다.
• '참'에서 ○표 한 숫자를 더한 값에서 '거짓'에서 ○표 한 숫자를 더한 값을 뺍니다.

참	문제	거짓
5	'天'은 '땅'을 뜻한다.	3
9	'그러하다'를 나타내는 한자는 '然'이다.	5
7	'自'의 뜻은 '스스로', 음(소리)은 '자'이다.	8
4	'지구'는 '사람이 살고 있는 땅.'으로 '땅'을 한자로 나타내면 '力'이다.	9
3	'활력(活力)'은 '살아 움직이는 힘.'이라는 뜻이다.	4

➡ (   )

코딩

3 다음 **조건** 을 참고하여 암호를 풀고, 빈칸에 들어갈 낱말을 한자로 쓰세요.

조건

1	2	3	4	5	6	7	8
ㄱ	ㄴ	ㄷ	ㅅ	ㅇ	ㅈ	ㅊ	ㅎ

9	10	11	12	13	14	15	16
ㅏ	ㅓ	ㅣ	ㅕ	ㅑ	ㅐ	ㅗ	ㅛ

가을이 되자

온 | 7 | 10 | 2 | 6 | 11 | 가

단풍으로 곱게 물들었습니다.

답

창의 융합

4 다음 글을 읽고, 밑줄 친 한자어의 음(소리)을 쓰세요.

　　지구에는 다양한 동물과 식물이 살고 있습니다. 동물은 짐승, 물고기, 벌레, 사람 등을 통틀어 이르는 말로, 다른 생물을 먹어서 양분을 얻고 스스로 움직입니다. 식물은 땅에 심어진 온갖 ㉠草木을 이르는 말로, 광합성을 하며 스스로 양분을 만듭니다.

　　이러한 동물과 식물은 모두 소중한 생명체입니다. 동물과 식물이 조화를 이루며 행복하고 안전하게 살아가기 위해서는 환경 오염을 줄이고 ㉡自然을 보호하려는 노력을 기울여야 합니다.

㉠ 草木 ➡ (　　　　　), ㉡ 自然 ➡ (　　　　　)

창의 융합

5 그림에 나타난 각 자연 요소와 관련 있는 한자를 보기 에서 찾아 그 번호를 쓰세요.

보기
① 山　　② 川　　③ 地　　④ 花

창의 융합

6 다음 글을 읽고, '이곳'은 어디인지 한 글자로 된 한자로 쓰세요.

　　이곳은 지구를 둘러싼 면적의 약 70.8퍼센트를 차지하는데, 이는 육지 면적의 2.43배입니다. 우리는 이곳에서 물고기를 잡거나 큰 배를 띄워 사람이나 물건을 실어 나르기도 합니다.

답

7

코딩

명령어에 따라 춤추는 로봇이 있습니다. 로봇이 **보기**와 같이 춤 동작을 수행할 때 입력한 한자어의 음(소리)을 쓰고, 그 뜻을 찾아 ∨표 하세요.

명령어

林 　 草 　 花

川 　 江 　 海

보기

□ 강과 산.

• 한자어의 음(소리)
➡ (　　　　　)

□ 꽃이 피는 풀과 나무.

8

창의 융합

다음 일기를 보고, 밑줄 친 ㉠, ㉡에 해당하는 한자의 음(소리)을 쓰세요.

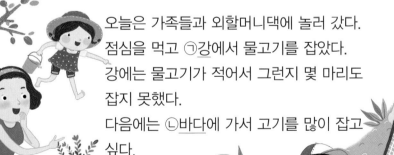

2020○년 7월 28일 화요일 맑음.

오늘은 가족들과 외할머니댁에 놀러 갔다.
점심을 먹고 ㉠강에서 물고기를 잡았다.
강에는 물고기가 적어서 그런지 몇 마리도
잡지 못했다.
다음에는 ㉡바다에 가서 고기를 많이 잡고
싶다.

㉠ 강 ➡ (　　　　　), ㉡ 바다 ➡ (　　　　　)

계절 / 시간 한자

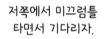

❶ 春 봄 춘　　❷ 夏 여름 하　　❸ 秋 가을 추　　❹ 冬 겨울 동　　❺ 氣 기운 기

❻ 電 번개 전　　❼ 時 때 시　　❽ 夕 저녁 석　　❾ 間 사이 간　　❿ 每 매양 매

⓫ 日 날 일　　⓬ 來 올 래

잘 지냈니?

어떻게 된 거야? 날[日]마다 보이더니 갑자기 사라지고 안 나타나서 걱정했잖아.

우리는 추운 곳에 있으면 위험해. 그래서 따뜻한 곳으로 갔다가 다시 오는[來] 길이야.

에이, 그런 줄도 모르고……

어디 아픈 데는 없어?

그럼! 기운[氣]이 이렇게 넘치는걸!

너희들 못 보던 사이[間]에 키가 많이 컸다.

우리 이제 열 살이거든. 이만큼 자랄 때[時]가 된 거라고!

미안, 미안! 키도 많이 컸으니, 못 본 사이에 한자 실력도 많이 늘었겠네. 어디 계절과 시간 한자 실력부터 확인해 볼까?

어이구, 못 말려!

2주 4일 급수 한자 돌파 전략 ①

점선 위로 겹쳐서 써 보세요.

연한 글씨 위로 겹쳐서 한자를 따라 써 보세요.

한자 1 부수 日 | 총 9획

春 봄 춘

따스한 봄 햇살을 받으며 자라는 새싹과 초목을 표현한 한자로 [   ]을/를 뜻해요.

답 봄

쓰는 순서 　一　二　三　声　声　夫　春　春　春

春	春						
봄 춘	봄 춘						

뜻이 반대인 한자 秋(가을 추)

한자 2 부수 夊 | 총 10획

夏 여름 하

날씨가 더운 계절을 나타낸 한자로 [   ]을/를 뜻해요.

답 여름

쓰는 순서 　一　丆　丆　丆　百　百　百　頁　夏　夏

夏	夏						
여름 하	여름 하						

뜻이 반대인 한자 冬(겨울 동)

한자 3 부수 禾 | 총 9획

秋 가을 추

곡식을 거두어들이는 계절을 나타내는 한자로 [   ]을/를 뜻해요.

답 가을

쓰는 순서 　一　二　千　千　禾　禾　秒　秋　秋

秋	秋						
가을 추	가을 추						

뜻이 반대인 한자 春(봄 춘)

1 다음 한자의 뜻과 음(소리)으로 알맞은 것을 찾아 선으로 이으세요.

春	여름	동	번개
봄	하	겨울	추
춘	기운	秋	가을
전	기	내	천

2 그림에서 한자 '여름 하'를 따라가 친구를 만날 수 있도록 선으로 이으세요.

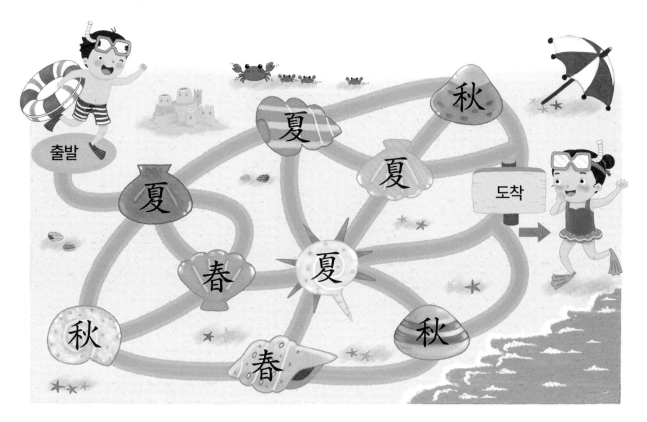

점선 위로 겹쳐서 써 보세요.

연한 글씨 위로 겹쳐서 한자를 따라 써 보세요.

한자 ④ 부수 冫 | 총 5획

冬 겨울 동

얼음이 어는 1년의 마지막 계절을 나타내는 한자로 [   ]을/를 뜻해요.

답 **겨울**

쓰는 순서 ' ⺈ 夂 冬 冬

冬	冬						
겨울 동	겨울 동						

뜻이 반대인 한자 夏(여름 하)

한자 ⑤ 부수 气 | 총 10획

氣 기운 기

뜨거운 열기가 위로 올라가는 모습에서 [   ](이)라는 뜻이 생겼어요.

답 **기운**

쓰는 순서 ' ⺊ ⺌ 气 气 气 氙 氣 氣 氣

氣	氣						
기운 기	기운 기						

한자 ⑥ 부수 雨 | 총 13획

電 번개 전

구름 사이로 나타나는 번쩍이는 불꽃의 모양을 그린 것으로, [   ] 또는 '전기'를 뜻해요.

답 **번개**

쓰는 순서 一 ⻗ ⻗ ⻗ 雨 雨 雨 雨 雷 雷 雷 雷 電

電	電						
번개 전	번개 전						

3 다음 그림과 관련이 있는 한자를 찾아 선으로 이으세요.

· 夏

· 冬

4 칠판에 적힌 한자의 뜻과 음(소리)을 바르게 말한 동물을 찾아 <u>모두</u> ○표 하세요.

1 다음 한자의 뜻과 음(소리)으로 알맞은 것을 찾아 ○표 하세요.

春   봄 춘   여름 하

電   가을 추   번개 전

2 다음 문장의 내용이 맞으면 '예', 틀리면 '아니요'에 ○표 하세요.

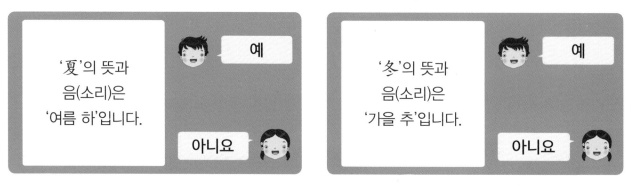

'夏'의 뜻과 음(소리)은 '여름 하'입니다.   예   아니요

'冬'의 뜻과 음(소리)은 '가을 추'입니다.   예   아니요

3 다음 음(소리)에 해당하는 한자를 찾아 ∨표 하세요.

추

☐ 氣   ☐ 秋   ☐ 冬

4 다음 밑줄 친 낱말에 해당하는 한자를 찾아 ○표 하세요.

천둥과 <u>번개</u>가 치면서 밤새도록
비가 내렸습니다.

氣　　　　電

5 다음 뜻과 음(소리)에 맞는 한자를 보기 에서 찾아 그 번호를 쓰세요.

보기
　　① 春　　　　② 冬　　　　③ 電　　　　④ 氣

(1) 겨울 동 ➜ (　　　　　　)
(2) 기운 기 ➜ (　　　　　　)

6 다음 밑줄 친 한자의 음(소리)으로 알맞은 것을 찾아 ○표 하세요.

맑은 가을 날씨에 제 <u>氣</u>분도
덩달아 좋아졌습니다.

기　　　　전

점선 위로 겹쳐서 써 보세요.

연한 글씨 위로 겹쳐서 한자를 따라 써 보세요.

한자 1 부수 日 | 총 10획

時 때 시

時

시간이 흘러간다는 의미를 나타낸 것으로, ☐을/를 뜻해요.

답 때

쓰는 순서 丨 冂 冃 日 日一 日十 旷 旷 時 時

時 | 時

때 시 | 때 시

한자 2 부수 夕 | 총 3획

夕 저녁 석

夕

초승달을 본뜬 한자로 저녁에 달이 뜬다고 해서 ☐을/를 뜻하게 되었어요.

답 저녁

쓰는 순서 丿 ク 夕

夕 | 夕

저녁 석 | 저녁 석

한자 3 부수 門 | 총 12획

間 사이 간

間

문틈으로 달빛이 들어오는 모습을 나타낸 한자로 ☐(이)라는 뜻이 생겼어요.

답 사이

쓰는 순서 丨 冂 冂 門 門 門 門 門 問 問 間 間

間 | 間

사이 간 | 사이 간

---

1 다음 한자의 뜻과 음(소리)으로 알맞은 것을 찾아 ○표 하세요.

時

間

때 시

푸를 청

물을 문

사이 간

2 다음 달에 쓰여 있는 뜻과 관계있는 한자를 따라가 한자의 음(소리)을 찾으세요.

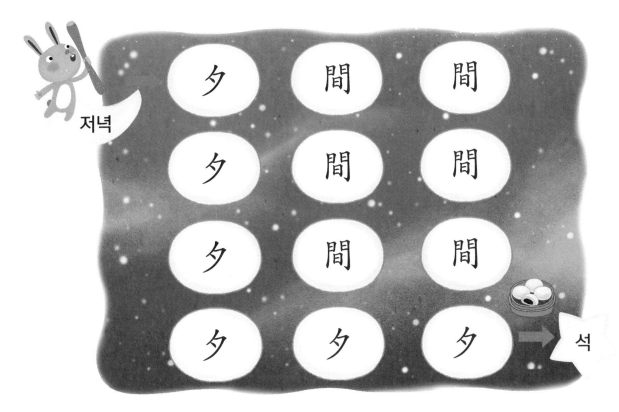

저녁

夕　間　間

夕　間　間

夕　間　間

夕　夕　夕　→　석

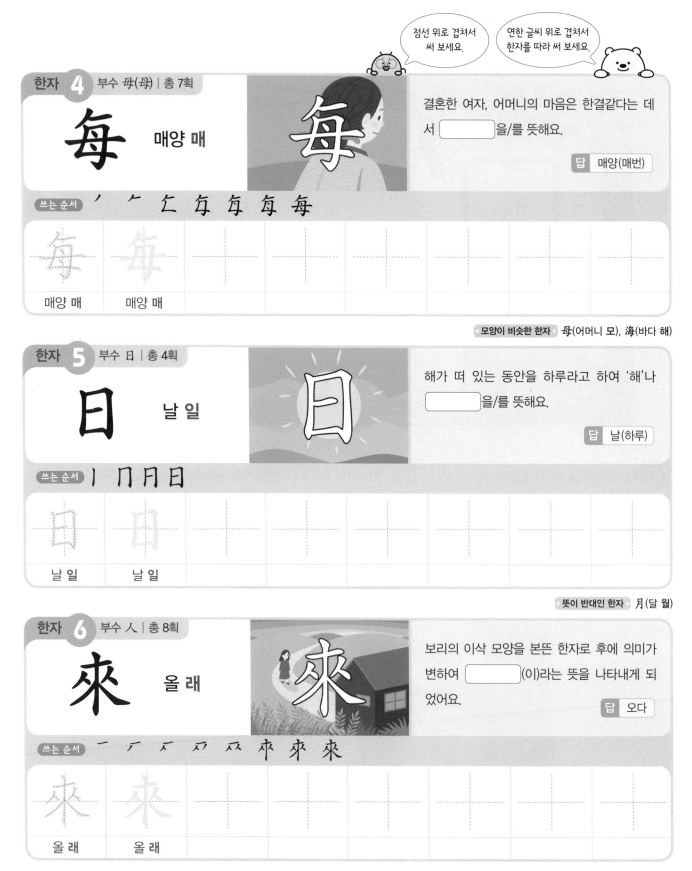

점선 위로 겹쳐서 써 보세요.

연한 글씨 위로 겹쳐서 한자를 따라 써 보세요.

한자 4 부수 母(母) | 총 7획

每 매양 매

每

결혼한 여자, 어머니의 마음은 한결같다는 데서 ☐을/를 뜻해요.

답 매양(매번)

쓰는 순서 ノ ニ ㇗ 仁 毎 毎 毎 毎

每 每

매양 매 매양 매

모양이 비슷한 한자 母(어머니 모), 海(바다 해)

한자 5 부수 日 | 총 4획

日 날 일

日

해가 떠 있는 동안을 하루라고 하여 '해'나 ☐을/를 뜻해요.

답 날(하루)

쓰는 순서 丨 冂 冃 日

日 日

날 일 날 일

뜻이 반대인 한자 月(달 월)

한자 6 부수 人 | 총 8획

來 올 래

來

보리의 이삭 모양을 본뜬 한자로 후에 의미가 변하여 ☐(이)라는 뜻을 나타내게 되었어요.

답 오다

쓰는 순서 一 厂 厃 厇 夾 夾 來 來 來

來 來

올 래 올 래

▶정답 7쪽

3 다음 한자의 뜻과 음(소리)으로 알맞은 것을 찾아 선으로 이으세요.

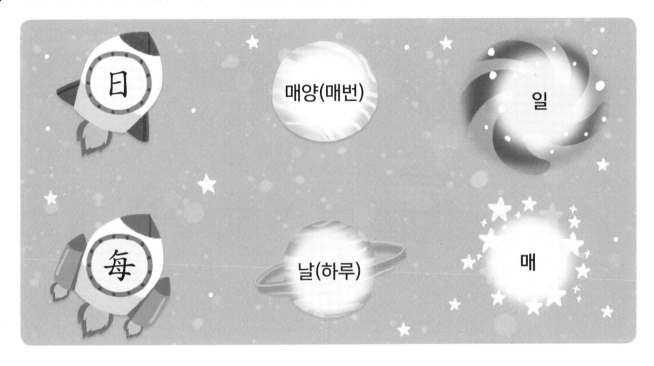

4 다음 뜻과 음(소리)에 해당하는 한자를 찾아 ○표를 하고 칠교 조각을 완성하세요.

뜻이 '오다'이고, 음(소리)이 '래'인 한자

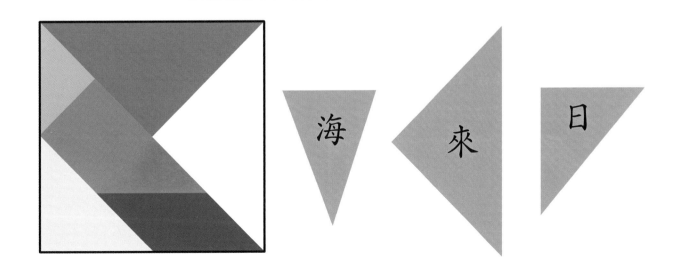

1 다음 한자의 뜻과 음(소리)으로 알맞은 것을 찾아 선으로 이으세요.

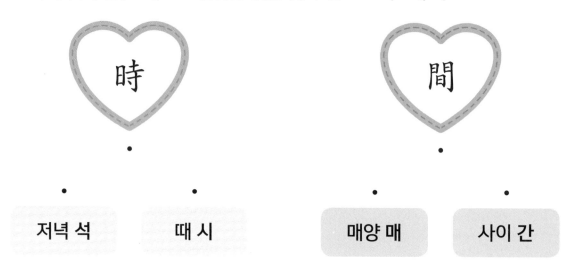

時	間

저녁 석 　 때 시 　　　 매양 매 　 사이 간

2 다음 한자의 뜻과 음(소리)을 찾아 ○표 하세요.

夕

뜻	음(소리)
때	석
저녁	간
사이	시

3 다음 한자의 뜻과 음(소리)을 쓰세요.

每

☐을/를 뜻하고,
☐(이)라고 읽습니다.

☐을/를 뜻하고,
☐(이)라고 읽습니다.

日

4 다음 밑줄 친 낱말에 해당하는 한자를 찾아 ◯표 하세요.

놀 <u>때</u>는 놀고 공부할 <u>때</u>는 공부해야 합니다.

時   夕

5 다음 문장의 내용이 맞으면 '예', 틀리면 '아니요'에 ◯표 하세요.

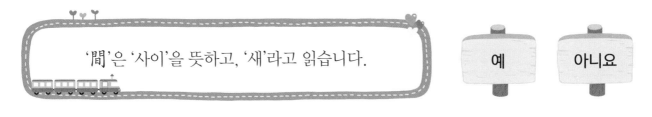

'間'은 '사이'을 뜻하고, '새'라고 읽습니다.

예   아니요

6 다음 밑줄 친 한자의 뜻과 음(소리)을 쓰세요.

크리스마스가 <u>來</u>일로 다가왔습니다.

→ (   )

대표 한자어 | 01 |

입 춘

立	春
설 립	봄 춘

😊 이십사절기의 하나로 일 년 중 봄이 시작되는 날.

춘 추

春	秋
봄 춘	가을 추

😊 봄과 가을을 아울러 이르는 말.

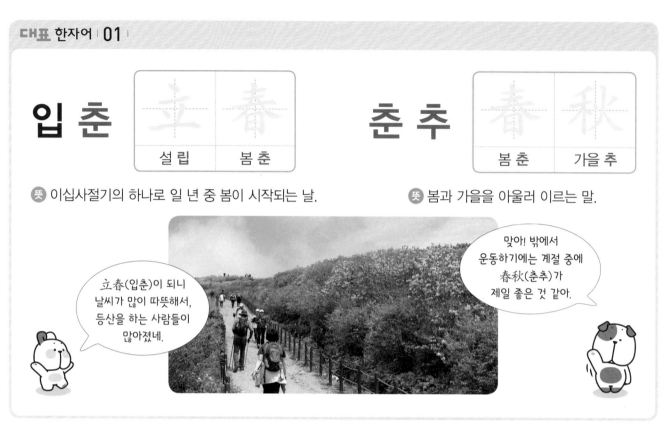

立春(입춘)이 되니 날씨가 많이 따뜻해서, 등산을 하는 사람들이 많아졌네.

맞아! 밖에서 운동하기에는 계절 중에 春秋(춘추)가 제일 좋은 것 같아.

참고 '立'이 낱말의 맨 앞에 올 때는 '입'이라고 읽어요.

대표 한자어 | 02 |

입 추

立	秋
설 립	가을 추

😊 이십사절기의 하나로 가을의 시작을 이르는 말.

立秋(입추)가 지났는데 아직도 여름 날씨 같아.

대표 한자어 | 03 |

입 동

立	冬
설 립	겨울 동

😊 이십사절기의 하나로 겨울의 시작을 이르는 말.

立冬(입동)이 지나면서 날씨가 쌀쌀해져서 그런지 군고구마랑 군밤이 생각나네.

항상 널 응원해!

전 력

電	力
번개 전	힘 력

뜻 전기로 인해 발생하는 힘.

쓰지 않는 전자 제품의 플러그를 뽑아 놓으면 電力(전력) 소비를 줄일 수 있어.

생 기

生	氣
날 생	기운 기

뜻 싱싱하고 힘찬 기운.

방학 동안에 잘 쉬었는지 학생들 얼굴에 生氣(생기)가 넘치네.

공 기

空	氣
빌 공	기운 기

뜻 지구의 표면을 둘러싸고 있는 무색, 무취, 투명의 기체.

빠르기를 겨루는 빙상 선수들은 空氣(공기)의 저항을 줄이려고 몸에 딱 붙는 옷을 입는대.

대표 한자어 07

시간

時	間
때 시	사이 간

뜻 어떤 시각에서 어떤 시각까지의 사이.

동시

同	時
한가지 동	때 시

뜻 같은 때. 같은 시기.

이번 주말 저녁 時間(시간)에 야구장에 응원 가기로 했어.

나도 그럴 건데? 우리 同時(동시)에 같은 곳에 있겠네.

대표 한자어 08

석식

夕	食
저녁 석	밥/먹을 식

뜻 저녁에 끼니로 먹는 밥.

오늘의 夕食(석식) 메뉴는 내가 제일 좋아하는 비빔밥이야.

대표 한자어 09

추석

秋	夕
가을 추	저녁 석

뜻 우리나라 명절의 하나로 음력 팔월 보름날.

秋夕(추석)에 먹는 음식 중에서 나는 송편을 제일 좋아해.

대표 한자어 |10|

내 일

| 올 래 | 날 일 |

뜻 오늘의 바로 다음 날.

천재네 가족은
來日(내일)부터 일주일
동안 자전거 여행을
떠난대.

참고 '來'가 낱말의 맨 앞에 올 때는 '내'라고 읽어요.

대표 한자어 |11|

매 일

| 매양 매 | 날 일 |

뜻 하루하루의 모든 날. 날마다.

할아버지께서는
每日(매일) 아침
뒷산에 올라가서 운동을
하셔.

대표 한자어 |12|

매 사

| 매양 매 | 일 사 |

뜻 하나하나의 모든 일.

학교 앞
분식점 사장님 부부는
每事(매사)에
최선을 다하셔.

1 다음에서 '봄과 가을을 아울러 이르는 말.'을 뜻하는 한자어를 찾아 ○표 하세요.

春秋　　立秋

Tip

'春'은 '봄'을 뜻하고, ☐(이)라고 읽습니다.

답 춘

2 다음 뜻에 해당하는 한자어를 찾아 선으로 이으세요.

전기로 인해　　·　　·　電力
발생하는 힘.

저녁에 끼니로　　·　　·　同時
먹는 밥.

같은 때.　　·　　·　夕食
같은 시기.

Tip

'저녁에 끼니로 먹는 밥.'을 뜻하는 한자어는 (석식, 추석)입니다.

답 석식

3 다음 밑줄 친 한자어의 음(소리)을 쓰세요.

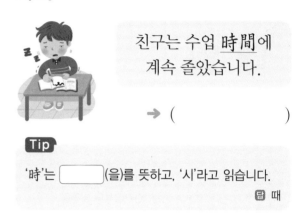

친구는 수업 **時間**에 계속 졸았습니다.

→ (　　　　　　)

Tip

'時'는 ☐(을)를 뜻하고, '시'라고 읽습니다.

답 때

4 다음 문장에 어울리는 한자어를 찾아 ○표 하세요.

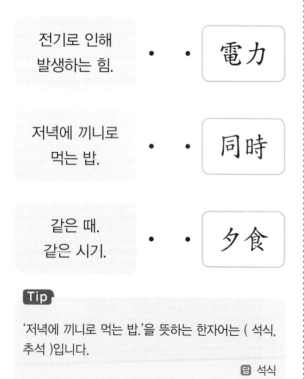

(秋夕 / 立秋)날 밤에는 가족들과 함께 보름달을 보고 소원을 빕니다.

Tip

'秋'는 '가을'을 뜻하고, ☐(이)라고 읽습니다.

답 추

5 다음 한자어의 뜻으로 알맞은 것을 찾아 ○표 하세요.

立冬

겨울의 시작을
이르는 말.

가을의 시작을
이르는 말.

Tip

'冬'은 (가을, 겨울)을 뜻합니다.

답 겨울

6 다음 ◌에 공통으로 들어갈 말을 한자로 바르게 나타낸 것을 찾아 ∨표 하세요.

- 생◌ : 싱싱하고 힘찬 기운.
- 공◌ : 지구의 표면을 둘러싸고 있는
  무색, 무취, 투명의 기체.

□ 氣   □ 力

Tip

'기운'이란 뜻을 가진 한자의 음(소리)은 ◻
입니다.

답 기

7 다음 낱말 퍼즐을 푸세요.

가로 열쇠

❶ 이십사절기의 하나로 일 년 중 봄이
시작되는 날.
❷ 하루하루의 모든 날. 날마다.

세로 열쇠

❶ 이십사절기의 하나로 가을의 시작을
이르는 말.
❷ 하나하나의 모든 일.
❸ 오늘의 바로 다음 날.

Tip

'이십사절기의 하나로 일 년 중 봄이 시작되는 날.'
을 뜻하는 한자어는 (立春, 立秋)입니다.

답 立春

전략 1 한자어의 음(소리) 쓰기

다음 밑줄 친 漢字語한자어의 讀音(독음: 읽는 소리)을 쓰세요.

보기

天地 ➡ 천지

• <u>立秋</u>가 지나자 더위도 한풀 꺾이고 바람도 시원해졌습니다. ➡ (　　　　　)

답 입추

필수 예제 | 01 |

다음 밑줄 친 漢字語한자어의 讀音(독음: 읽는 소리)을 쓰세요.

보기

山林 ➡ 산림

(1) 단거리 달리기는 <u>同時</u>에 출발해서 결승점에 먼저 들어오는 사람이 이깁니다.

➡ (　　　　　)

(2) 제 친구는 항상 <u>生氣</u> 있고 발랄한 모습입니다. ➡ (　　　　　)

먼저 글 속에 쓰인 한자어의 뜻을 알아내고, 각 한자의 음(소리)을 조합하여 읽도록 합니다.

(3) 올 <u>春秋</u>에는 바람막이 점퍼가 유행할 것으로 예상됩니다.

➡ (　　　　　)

전략 **2** 한자의 뜻과 음(소리) 쓰기

다음 漢字한자의 訓(훈: 뜻)과 音(음: 소리)을 쓰세요.

보기

天 ➡ 하늘 **천**

• 夏 ➡ (   )

답 여름 하

필수 예제 **02**

다음 漢字한자의 訓(훈: 뜻)과 音(음: 소리)을 쓰세요.

보기

林 ➡ 수풀 **림**

(1) 春 ➡ (   )

(2) 秋 ➡ (   )

'한국어문회'에서 제시한
대표 뜻과 음(소리)을
꼭 알아 두어야 합니다.

(3) 冬 ➡ (   )

전략 **3**   뜻과 음(소리)에 맞는 한자 찾기

다음 訓(훈: 뜻)과 音(음: 소리)에 맞는 漢字한자를 보기 에서 찾아 그 번호를 쓰세요.

보기
① 夏   ② 冬   ③ 氣   ④ 電

• 번개 전 ➡ (   )

답 ④

필수 예제 **03**

다음 訓(훈: 뜻)과 音(음: 소리)에 맞는 漢字한자를 보기 에서 찾아 그 번호를 쓰세요.

보기
① 夕   ② 每   ③ 日   ④ 來

(1) 매양 매 ➡ (   )

(2) 저녁 석 ➡ (   )

한자의 뜻과 음(소리)은
반드시 함께 알아 두어야
합니다.

(3) 날 일 ➡ (   )

전략 4 제시된 뜻에 맞는 한자어 찾기

다음 뜻에 맞는 漢字語한자어를 보기 에서 찾아 그 번호를 쓰세요.

보기

① 同時   ② 每日   ③ 立春   ④ 空氣

• 지구의 표면을 둘러싸고 있는 무색, 무취, 투명의 기체. ➡ (   )

답 ④

필수 예제 04

다음 뜻에 맞는 漢字語한자어를 보기 에서 찾아 그 번호를 쓰세요.

보기

① 每事   ② 電力   ③ 江山   ④ 立冬

(1) 전기로 인해 발생하는 힘. ➡ (   )

(2) 이십사절기의 하나로 겨울의 시작을 이르는 말. ➡ (   )

한자어의 뜻이 생각나지 않을 때는 한자의 뜻을 조합하여 문제를 풀어 봅시다.

(3) 하나하나의 모든 일. ➡ (   )

[한자어의 음(소리) 쓰기]

1 다음 밑줄 친 漢字語한자어의 讀音(독음: 읽는 소리)을 쓰세요.

오늘 夕食은 나물 반찬이 많습니다.

→ (   )

[한자어의 음(소리) 쓰기]

2 다음 밑줄 친 漢字語한자어의 讀音(독음: 읽는 소리)을 쓰세요.

오늘 밤부터 來日까지 비가 많이 내린다고 합니다.

→ (   )

[한자의 뜻과 음(소리) 쓰기]

3 다음 漢字한자의 訓(훈: 뜻)과 音(음: 소리)을 쓰세요.

> 보기
>
> 川 → 내 천

• 氣 → (   )

[한자의 뜻과 음(소리) 쓰기]

4 다음 漢字한자의 訓(훈: 뜻)과 音(음: 소리)을 쓰세요.

> 보기
>
> 花 → 꽃 화

• 夏 → (   )

[뜻과 음(소리)에 맞는 한자 찾기]

5 다음 訓(훈: 뜻)과 音(음: 소리)에 맞는 漢字한자를 보기 에서 찾아 그 번호를 쓰세요.

> 보기
>
> ① 春　　② 秋　　③ 時　　④ 間

- 사이 간 ➡ (　　　　　　)

Tip
'사이 간'은 '門(문 문)'과 '日(날 일)'이 합쳐진 모습입니다.

[제시된 뜻에 맞는 한자어 찾기]

6 다음 뜻에 맞는 漢字語한자어를 보기 에서 찾아 그 번호를 쓰세요.

> 보기
>
> ① 時間　　② 秋夕　　③ 電力　　④ 同時

- 우리나라 명절의 하나로 음력 팔월 보름날.
  ➡ (　　　　　　)

Tip
'추석'은 '가을 추'와 '저녁 석'이 합쳐진 한자어입니다.

[제시된 한자어 찾기]

7 다음 밑줄 친 漢字語한자어를 보기 에서 찾아 그 번호를 쓰세요.

> 보기
>
> ① 立春　　② 春夏　　③ 立冬　　④ 生氣

- 겨울이 지나고 어느덧 입춘이 되었습니다.
  ➡ (　　　　　　)

Tip
'입춘'은 '설 립(입)'과 '봄 춘'이 합쳐진 한자어입니다.

2주 누구나 만점 전략

01 다음 ☐ 안에 들어갈 한자를 보기 에서 찾아 쓰세요.

보기

春　　秋　　時

• 이번 ☐ 夕에 온 가족이 모여 송편을 빚었습니다.

답

02 다음 한자의 뜻과 음(소리)을 쓰세요.

보기

海 ➜ 바다 해

(1) 時 ➜ (　　　　　　)

(2) 間 ➜ (　　　　　　)

03 다음 설명 에 해당하는 한자어를 빈칸을 채워 완성하세요.

설명

이십사절기의 하나로
겨울의 시작을 이르는 말.

답

 立

04 다음 밑줄 친 한자어의 음(소리)을 쓰세요.

보기

花草 ➜ 화초

• 오늘은 가을의 시작을 알리는 <u>立秋</u>입니다.

➜ (　　　　　　)

05 다음 ☐ 안에 들어갈 한자에 ∨표 하세요.

기쁜 일이 있는지 통화를 하시는
엄마의 표정에 生 ☐ 가 돕니다.

☐ 氣　　　☐ 日

06 다음 뜻과 음(소리)에 해당하는 한자를 보기 에서 찾아 그 번호를 쓰세요.

> 보기
> ① 春　　② 日　　③ 秋

• 가을 추 ➡ (　　　　　　)

07 다음 ☐ 안에 들어갈 한자를 보기 에서 찾아 그 번호를 쓰세요.

> 보기
> ① 間　　② 每　　③ 來

• ☐日 : 하루하루의 모든 날.
　　　날마다.

　　　➡ (　　　　　　)

08 다음 뜻에 해당하는 한자어를 보기 에서 찾아 그 번호를 쓰세요.

> 보기
> ① 時間　② 秋夕　③ 夕食

• 어떤 시각에서 어떤 시각까지의 사이.　➡ (　　　　　　)

09 다음 밑줄 친 낱말에 해당하는 한자어를 보기 에서 찾아 그 번호를 쓰세요.

> 보기
> ① 時間　② 同時　③ 電力

한국 선수가 골을 넣자마자 우리는 동시에 환호성을 질렀습니다.

　　　➡ (　　　　　　)

10 다음 뜻에 해당하는 한자어를 보기 에서 찾아 그 번호를 쓰세요.

> 보기
> ① 每事　② 每日　③ 來日

• 오늘의 바로 다음 날.
　　　➡ (　　　　　　)

창의 융합

1 '立春'은 봄이 시작되는 날입니다. 그럼 '여름이 시작되는 날'은 무엇인지 한글로 쓰세요.

→ (   )

2 하루를 時間으로 표현하면 몇 時間인지 쓰세요.

→ (   ) 時間

2주 창의·융합·코딩 전략 ②

코딩

1 다음 **규칙**에 따라 칸을 색칠하고, 나타나는 한자의 뜻과 음(소리)을 쓰세요.

규칙
- 왼쪽 표의 숫자는 같은 색깔이 연속으로 칠해지는 가로 칸의 수를 나타냅니다.
- 숫자 칸의 색과 같은 색으로 오른쪽의 표에 칠합니다.

9				
2	5	2		
2	1	3	1	2
2	1	3	1	2
2	5	2		
2	1	3	1	2
2	1	3	1	2
2	5	2		
9				

→

• 한자의 뜻과 음(소리) → (   )

창의 융합

2 다음과 같은 운동을 하기에 적합한 계절을 한자로 쓰세요.

답

코딩

3 다음 규칙 에 따라 미로를 탈출하며 만난 숫자에 ○표 하고, 도착한 한자어의 음(소리)을 쓰세요.

규칙

100만큼 거꾸로 뛰어서 세는 규칙

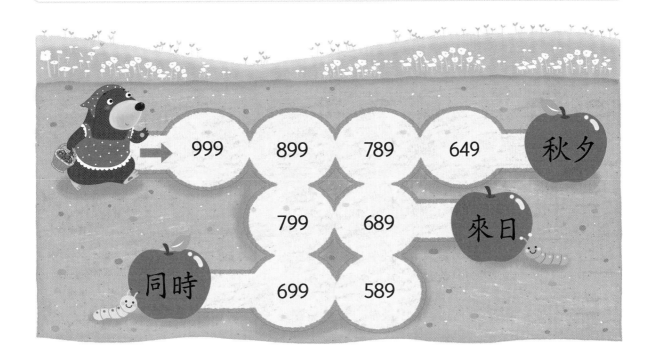

• 한자이의 음(소리) ➡ (   )

창의 융합

4 다음 글을 읽고, 밑줄 친 한자어의 음(소리)을 쓰세요.

　봄의 시작을 알리는 <u>立春</u>은 24절기 중 첫 번째 절기로, 양력 2월 4일 또는 5일입니다.

　옛날에는 <u>立春</u>을 한 해를 시작하는 날이라고 생각해서 <u>立春</u> 하루 전날이면 방과 마루, 문에 콩을 뿌려 나쁜 귀신을 쫓았다고 합니다. 또 대문이나 기둥에 '<u>立春</u>대길'이라는 글씨를 써서 붙이고 복이 많이 들어오기를 빌었습니다.

• 한자어의 음(소리) ➡ (   )

창의·융합·코딩 전략 ②

창의 융합

5 다음은 한 해 동안 내린 비의 양을 그래프로 나타낸 것입니다. 비가 가장 많이 온 계절을 나타내는 한자의 뜻과 음(소리)을 쓰세요.

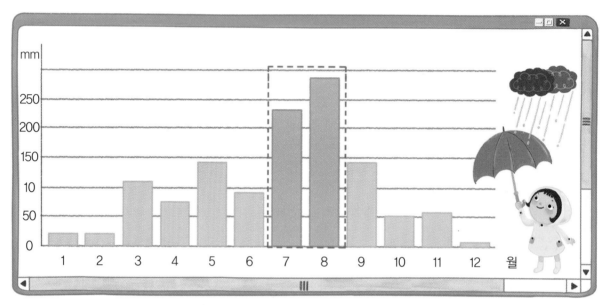

[자료: 기상청, 2021년 기준]

• 한자의 뜻과 음(소리) ➡ (   )

창의 융합

6 다음 편지를 읽고, 밑줄 친 한자어의 음(소리)을 쓰세요.

> 엄마! 요즘 자꾸 졸리다고 하셔서 여러 정보를 찾아봤어요. 그건 춘곤증 때문이래요. 제가 춘곤증을 이겨 낼 방법 알려 드릴게요.
>
> 1 정해진 ㉠時間에 식사를 한다.
>
> 2 소식을 한다.
>
> 3 간식으로 과일을 먹는 것이 좋다.
>
> 4 ㉡每日 가벼운 운동을 한다.
>
> 어렵지 않죠? 그럼 오늘부터 ㉢夕食 후에 저랑 줄넘기하는 건 어때요?

㉠ 時間 ➡ (   )

㉡ 每日 ➡ (   )

㉢ 夕食 ➡ (   )

7 〔코딩〕 〔보기〕의 보석들을 엮어서 〔완성〕한 장신구를 보고, ( ) 안에 알맞은 내용을 써서 〔순서도〕를 완성하세요.

보기

완성

＊보석은 시작점부터 화살표 방향으로 돌아 가며 엮습니다.

순서도

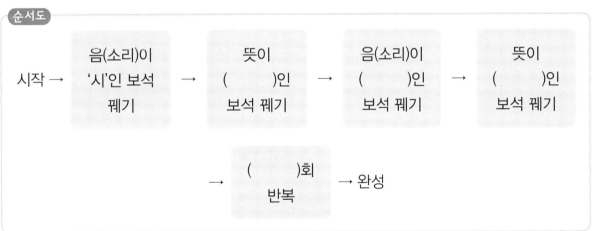

시작 → 음(소리)이 '시'인 보석 꿰기 → 뜻이 ( )인 보석 꿰기 → 음(소리)이 ( )인 보석 꿰기 → 뜻이 ( )인 보석 꿰기

→ ( )회 반복 → 완성

8 〔창의〕〔융합〕 다음은 명절과 관련 있는 속담입니다. 밑줄 친 낱말과 관련된 명절의 이름을 한자로 쓰세요.

• 더도 말고 덜도 말고 늘 <u>한가위</u>만 같아라.

• 옷은 시집올 때처럼, 음식은 <u>한가위</u>처럼.

답

🐻 만화를 보고, 지금까지 배운 한자를 기억해 보세요.

1주 | 자연 한자

天 地 自 然 活 力 林 草 花 川 江 海

2주 | 계절/시간 한자

春 夏 秋 冬 氣 電 時 夕 間 每 日 來

자연 한자

1 다음 그림은 드림이네 마을의 모습입니다. 그림을 보고 물음에 답하세요.

❶ 그림에 나타난 자연 요소와 관련 있는 한자의 뜻과 음(소리)을 쓰세요.

• 天 ➡ (   )

• 川 ➡ (   )

❷ 다음 빈칸에 들어갈 낱말에 해당하는 한자를 찾아 ○표 하세요.

> 방위표를 이용하면 위치를 쉽게 나타낼 수 있습니다. 방위표의 오른쪽이 동쪽, 왼쪽이 서쪽, 아래쪽이 남쪽, 위쪽이 북쪽입니다. 그림에서 방위표를 드림이에게 가져오면 북쪽에는 산, 동쪽에는 집, 서쪽에는 _____, 남쪽에는 바다가 있습니다.

林　江

Tip
'天'의 음(소리)은 ❶ [　　　　]이고, '川'의 뜻은 ❷ [　　　　]입니다.

답 ❶ 천 ❷ 내(개울)

자연 한자

2 칠판에 한자어들이 꼭꼭 숨어 있습니다. 물음에 알맞게 답하세요.

❶ 보기의 한자어를 칠판에서 찾아 가로, 세로, 또는 대각선으로 길게 ○표 하세요.

보기

① 초목   ② 산천   ③ 자연   ④ 동해

❷ 칠판에서 '바다의 위'를 뜻하는 한자어를 찾아 쓰세요.

답

Tip
'바다'를 뜻하는 한자는 ❶[   ]이고, '위'를 뜻하는 한자는 ❷[   ]입니다.

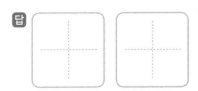
답 ❶海 ❷上

계절 한자

3 다음은 봄, 여름, 가을, 겨울의 모습을 나타낸 사진입니다. 사진을 보고 물음에 답하세요.

㉠

㉡

㉢

㉣

❶ ㉠～㉣에 해당하는 계절을 한자로 쓰세요.

㉠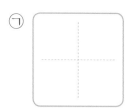

㉡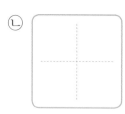

㉢

㉣

❷ 위 사진에서 '秋夕'이 포함되는 계절의 기호를 쓰세요.　→　(　　　　　　　　)

Tip
'秋'의 뜻은 ❶〔　　　〕이고, 음(소리)은 ❷〔　　　〕입니다.

답 ❶ 가을 ❷ 추

시간 한자

4 다음은 여가 시간에 대한 두 학생의 대화입니다. 대화를 읽고 물음에 답하세요.

너는 여가 時間에 주로 뭐해?

난 每日 강아지와 산책을 해.

❶ 두 학생의 대화에 나타난 한자어의 음(소리)을 쓰세요.

• 時間 ➡ (   )

• 每日 ➡ (   )

❷ 다음 글의 밑줄 친 낱말에 알맞은 한자어를 쓰세요.

> 우리 강아지는 산책하는 것을 좋아합니다. 그래서 나는 매일 강아지와 산책을 합니다. 어제도 했고, 오늘도 했고, 내일도 산책을 할 것입니다.

답

Tip
'어떤 시각에서 어떤 시각까지의 사이.'를 [   ](이)라고 합니다.

 답 시간

적중 예상 전략 1회

[문제 01~02] 다음 밑줄 친 漢字語한자어의 讀音(독음: 읽는 소리)을 쓰세요.

不安 → 불안

[문제 03~04] 다음 漢字한자의 訓(훈: 뜻)과 音(음: 소리)을 쓰세요.

工 → 장인 공

밤새 내리던 비가 그쳤습니다. 나무가 울창한 01山林 속을 걸으니 기분이 상쾌해집니다. 나비들도 가벼운 날갯짓을 하며 02花草 주위로 몰려듭니다.

01 山林 → (   )

02 花草 → (   )

03 天 → (   )

04 自 → (   )

[문제 05~06] 다음 訓(훈: 뜻)과 音(음: 소리)에 맞는 漢字한자를 보기 에서 찾아 그 번호를 쓰세요.

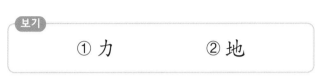

보기

① 力　　　　② 地

05

땅 지

06

힘 력

[문제 07~08] 다음 밑줄 친 漢字語한자어를 보기 에서 찾아 그 번호를 쓰세요.

보기

① 活力　　　② 東海

07 우리 집 강아지는 산책할 때 <u>활력</u>이 넘칩니다.

➡ (　　　　　)

08 우리나라 <u>동해</u>에서도 고래를 볼 수 있습니다.

➡ (　　　　　)

[문제 09~10] 다음 訓(훈: 뜻)과 音(음: 소리)에 맞는 漢字한자를 보기 에서 찾아 그 번호를 쓰세요.

보기
① 然   ② 花   ③ 林   ④ 江

09 강 강 → (   )

10 그럴 연 → (   )

[문제 11~12] 다음 漢字한자의 상대 또는 반대되는 漢字한자를 보기 에서 찾아 그 번호를 쓰세요.

보기
① 地   ② 自   ③ 山   ④ 活

11 天 ↔ (   )

12 江 ↔ (   )

[문제 13~14] 다음 뜻에 맞는 漢字語^{한자어}를 보기 에서 찾아 그 번호를 쓰세요.

[문제 15~16] 다음 漢字^{한자}의 진하게 표시된 획은 몇 번째에 쓰는지 보기 에서 찾아 그 번호를 쓰세요.

> 보기
> ① 山川　　② 自力　　③ 草木

> 보기
> ① 두 번째　　② 세 번째
> ③ 네 번째　　④ 다섯 번째

13 자기 혼자의 힘. ➡ (　　　　　　)

15

(　　　　　)

14 산과 내. ➡ (　　　　　　)

16

(　　　　　)

[문제 01~02] 다음 밑줄 친 漢字語한자어의 讀音(독음: 읽는 소리)을 쓰세요.

> 보기
>
> 自然 ➡ 자연

    사계절이 뚜렷한 우리나라는 24절기가 있습니다. 그중 가장 먼저 있는 01立春은 봄의 시작을 알려 줍니다. 봄이 되면 나뭇 가지에 새순이 돋고 꽃이 피는 등 온갖 식물들이 02生氣를 띠기 시작합니다.

01 立春 ➡ (　　　　　　)

02 生氣 ➡ (　　　　　　)

[문제 03~04] 다음 漢字한자의 訓(훈: 뜻)과 音(음: 소리)을 쓰세요.

> 보기
>
> 自 ➡ <u>스스로 **자**</u>

03 夕 ➡ (　　　　　　)

04 來 ➡ (　　　　　　)

[문제 05~06] 다음 訓(훈: 뜻)과 音(음: 소리)에 맞는 漢字한자를 보기 에서 찾아 그 번호를 쓰세요.

보기
① 冬　　　② 日

05

날 일

06

겨울 동

[문제 07~08] 다음 밑줄 친 漢字語한자어를 보기 에서 찾아 그 번호를 쓰세요.

보기
① 空氣　　　② 秋夕

07 자연휴양림에 가면 신선한 공기를 마실 수 있습니다.

➡ (　　　　　)

08 추석날 저녁에 보름달을 보며 소원을 빌었습니다.

➡ (　　　　　)

[문제 09~10] 다음 訓(훈: 뜻)과 音(음: 소리)에 맞는 漢字한자를 보기에서 찾아 그 번호를 쓰세요.

보기
① 時 ② 氣 ③ 每 ④ 電

09 번개 전 → (   )

10 때 시 → (   )

[문제 11~12] 다음 漢字한자의 상대 또는 반대되는 漢字한자를 보기에서 찾아 그 번호를 쓰세요.

보기
① 春 ② 冬 ③ 夕 ④ 日

11 夏 ↔ (   )

12 秋 ↔ (   )

[문제 13~14] 다음 뜻에 맞는 漢字語한자어를 보기 에서 찾아 그 번호를 쓰세요.

보기

① 來日　　② 每日　　③ 時間

13 오늘의 바로 다음 날.

➡ (　　　　　　)

14 어떤 시각에서 어떤 시각까지의 사이.

➡ (　　　　　　)

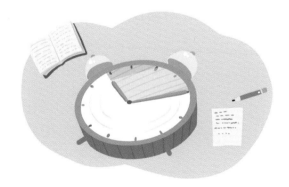

[문제 15~16] 다음 漢字한자의 진하게 표시된 획은 몇 번째에 쓰는지 보기 에서 찾아 그 번호를 쓰세요.

보기

① 두 번째　　② 세 번째
③ 네 번째　　④ 다섯 번째

15

(　　　　　　)

16

(　　　　　　)

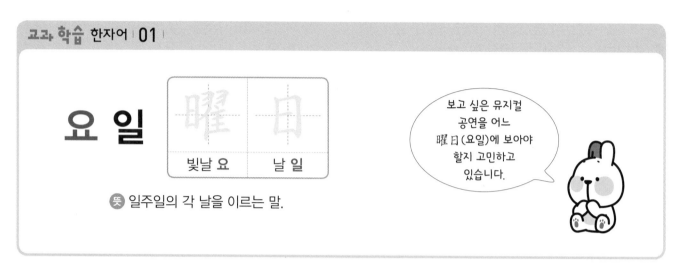

교과 학습 한자어 01

요일

曜	日
빛날 요	날 일

뜻 일주일의 각 날을 이르는 말.

> 보고 싶은 뮤지컬 공연을 어느 曜日(요일)에 보아야 할지 고민하고 있습니다.

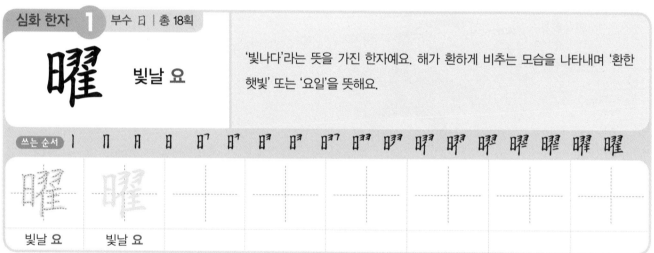

심화 한자 1 | 부수 日 | 총 18획

曜 빛날 요

'빛나다'라는 뜻을 가진 한자예요. 해가 환하게 비추는 모습을 나타내며 '환한 햇빛' 또는 '요일'을 뜻해요.

쓰는 순서 丨 冂 冃 日 日' 日" 日" 日" 日" 日" 日" 日" 日" 日" 日" 日" 日" 曜

曜	曜				
빛날 요	빛날 요				

1 다음 한자어판에서 설명 에 해당하는 한자어를 찾아 ○표 하세요.

來	夏	春
曜	日	夕
秋	冬	間

> 설명
> 일주일의 각 날을 이르는 말.

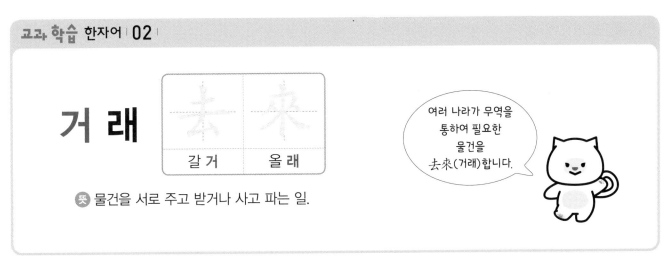

교과 학습 한자어 | 02

거 래

去	來
갈 거	올 래

(뜻) 물건을 서로 주고 받거나 사고 파는 일.

여러 나라가 무역을 통하여 필요한 물건을 去來(거래)합니다.

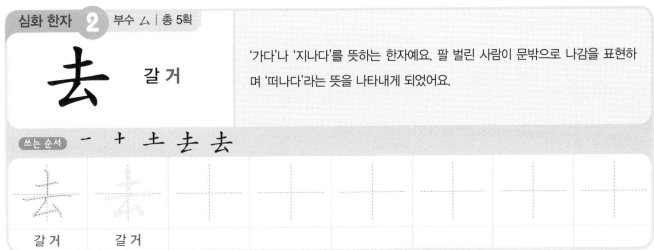

심화 한자 2 부수 厶 | 총 5획

去 갈 거

'가다'나 '지나다'를 뜻하는 한자예요. 팔 벌린 사람이 문밖으로 나감을 표현하며 '떠나다'라는 뜻을 나타내게 되었어요.

(쓰는 순서) 一 十 土 去 去

去	去						
갈 거	갈 거						

2 다음 (설명)에 해당하는 한자어를 찾아 ○표 하세요.

(설명)

물건을 서로 주고 받거나 사고 파는 일.

來日　　去來

초 원

草	原
풀 초	언덕 원

뜻 풀이 나 있는 들판.

> 몽골의 넓은 草原(초원)을 보니 가슴이 시원해졌습니다.

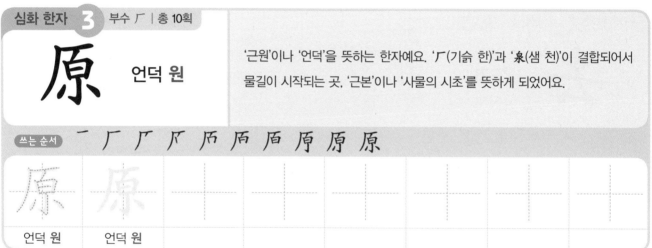

심화 한자 **3** 부수 厂 | 총 10획

原 언덕 원

'근원'이나 '언덕'을 뜻하는 한자예요. '厂(기슭 한)'과 '泉(샘 천)'이 결합되어서 물길이 시작되는 곳, '근본'이나 '사물의 시초'를 뜻하게 되었어요.

쓰는 순서 一 厂 厂 厂 戶 原 原 原 原 原

原	原					
언덕 원	언덕 원					

---

3 다음 뜻에 해당하는 한자어를 찾아 선으로 이으세요.

풀이 나 있는 들판.

· 草原

· 草木

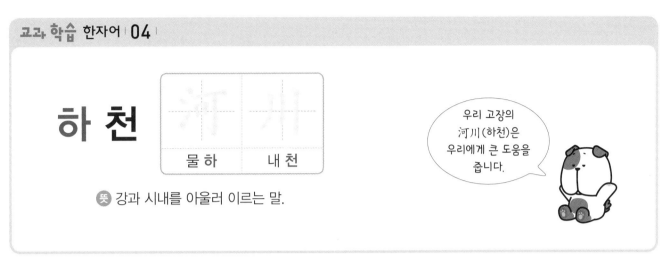

교과 학습 한자어 | 04 |

하 천

| 물 하 | 내 천 |

뜻 강과 시내를 아울러 이르는 말.

우리 고장의
河川(하천)은
우리에게 큰 도움을
줍니다.

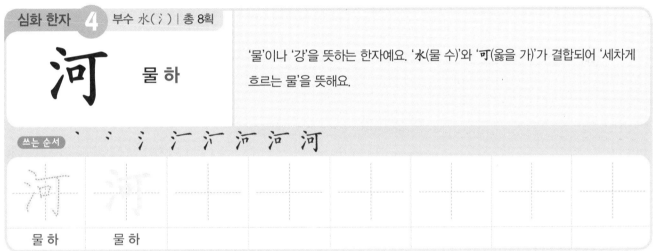

심화 한자 4 부수 水(氵) | 총 8획

河 물 하

'물'이나 '강'을 뜻하는 한자예요. '水(물 수)'와 '可(옳을 가)'가 결합되어 '세차게 흐르는 물'을 뜻해요.

쓰는 순서 ` 丶 氵 氵 沪 沪 沪 河

| 물 하 | 물 하 | | | | | | |

4 다음 문장의 내용이 맞으면 '예', 틀리면 '아니요'에 ○표 하세요.

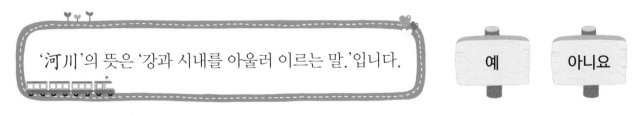

'河川'의 뜻은 '강과 시내를 아울러 이르는 말.'입니다.

예   아니요

전편을 모두 공부하느라
수고 많았어요!

쑥쑥 오른 한자 실력으로
어려운 문제도 척척 풀 수 있을 거예요.

이제는 후편을 공부하며
차근차근 한자 실력을 길러 볼까요?

어떤 한자가 우리를 기다리고 있을지
준비, 출발!

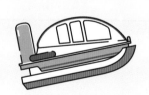

한자
전략

3단계 **A** 7급 ①

후편

이 책의 **차례**

7급 배정 한자 총 150자

■ 은 3단계 A 전편 학습 한자, □ 은 후편 학습 한자입니다.

ㄱ

家	歌	間	江	車
집 가	노래 가	사이 간	강 강	수레 거 | 수레 차
空	工	敎	校	九
빌 공	장인 공	가르칠 교	학교 교	아홉 구
口	國	軍	金	旗
입 구	나라 국	군사 군	쇠 금 | 성 김	기 기
記	氣	男	南	內
기록할 기	기운 기	사내 남	남녘 남	안 내

ㄴ (男 위)

ㄷ (答 위)

女	年	農	答	大
여자 녀	해 년	농사 농	대답 답	큰 대
道	冬	洞	東	動
길 도	겨울 동	골 동 | 밝을 통	동녘 동	움직일 동

ㄹ (來 위)

同	登	來	力	老
한가지 동	오를 등	올 래	힘 력	늙을 로

ㅁ (萬 위)

六	里	林	立	萬
여섯 륙	마을 리	수풀 림	설 립	일만 만

每	面	命	名	母
매양 매	낮 면	목숨 명	이름 명	어머니 모
木	文	門	問	物
나무 목	글월 문	문 문	물을 문	물건 물
民	方	百	白	夫
백성 민	모 방	일백 백	흰 백	지아비 부
父	北	不	四	事
아버지 부	북녘 북 | 달아날 배	아닐 불	넉 사	일 사
算	山	三	上	色
셈 산	메 산	석 삼	윗 상	빛 색
生	西	夕	先	姓
날 생	서녘 서	저녁 석	먼저 선	성 성
世	所	小	少	手
인간 세	바 소	작을 소	적을 소	손 수
數	水	時	市	食
셈 수	물 수	때 시	저자 시	밥/먹을 식

植	室	心	十 ㅇ	安
심을 식	집 실	마음 심	열 십	편안 안
語	然	午	五	王
말씀 어	그럴 연	낮 오	다섯 오	임금 왕
外	右	月	有	育
바깥 외	오를/오른(쪽) 우	달 월	있을 유	기를 육
邑	二	人	一	日
고을 읍	두 이	사람 인	한 일	날 일
入	字 ㅈ	自	子	長
들 입	글자 자	스스로 자	아들 자	긴 장
場	電	前	全	正
마당 장	번개 전	앞 전	온전 전	바를 정
弟	祖	足	左	主
아우 제	할아버지 조	발 족	왼 좌	임금/주인 주
住	中	重	地	紙
살 주	가운데 중	무거울 중	땅 지	종이 지

直	ㅊ 川	千	天	靑
곧을 직	내 천	일천 천	하늘 천	푸를 청
草	寸	村	秋	春
풀 초	마디 촌	마을 촌	가을 추	봄 춘
出	七	ㅌ 土	ㅍ 八	便
날 출	일곱 칠	흙 토	여덟 팔	편할 편 | 똥오줌 변
平	ㅎ 下	夏	學	韓
평평할 평	아래 하	여름 하	배울 학	한국/나라 한
漢	海	兄	花	話
한수/한나라 한	바다 해	형 형	꽃 화	말씀 화
火	活	孝	後	休
불 화	살 활	효도 효	뒤 후	쉴 휴

공부 한자

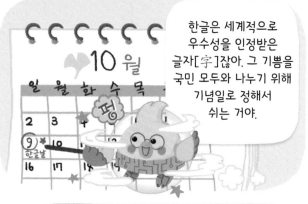

🔍 학습할 한자

❶ 工 장인 **공** ❷ 夫 지아비 **부** ❸ 正 바를 **정** ❹ 教 가르칠 **교** ❺ 育 기를 **육**

❻ 直 곧을 **직** ❼ 文 글월 **문** ❽ 字 글자 **자** ❾ 記 기록할 **기** ❿ 語 말씀 **어**

⓫ 問 물을 **문** ⓬ 答 대답 **답**

그렇지. 이를 안타깝게 생각한 세종대왕께서 백성들이 쉽게 배울 수 있는 글자[字]를 만드셨는데 그게 바로 한글이야.

그때는 훈민정음이라고 했지. '백성을 가르치는[教] 바른[正] 소리'라는 뜻이야. 세종대왕께서 말씀[語]하시기를 어리석은 백성들이 할 말이 있어도······.

에이! 앵무가 과장이 심하네! 세종대왕은 옛날 사람인데, 그런 말을 했는지 어떻게 알아?

맞아!

세종대왕이 어떤 분이신데! 그때 했던 말씀[語]을 전부 글[文]로 기록해[記] 두셨지.

와, 정말 대단하신 분이구나!

한글날에 쉬는 이유를 알았으니, 그만 놀고 가서 공부 한자 열심히 해 보자!

알았어!

점선 위로 겹쳐서 한자를 써 보세요.

연한 글씨 위로 겹쳐서 한자를 따라 써 보세요.

한자 ① 부수 工 | 총 3획

工 장인 공

땅을 다질 때 사용하던 도구의 모습으로 도구를 잘 다루는 □□을/를 뜻해요.

답 장인

쓰는 순서 一 T 工

工	工							
장인 공	장인 공							

모양이 비슷한 한자 江(강 강), 空(빌 공)

한자 ② 부수 大 | 총 4획

夫 지아비 부

성인식을 치르고 상투를 튼 남자를 표현한 한자로 □□을/를 뜻해요.

답 지아비(남편)

쓰는 순서 一 二 十 夫

夫	夫							
지아비 부	지아비 부							

모양이 비슷한 한자 天(하늘 천)

한자 ③ 부수 止 | 총 5획

正 바를 정

정당한 명분이 있다면 전쟁을 일으키는 것이 옳다는 데서 □□(이)라는 뜻이 생겼어요.

답 바르다

쓰는 순서 一 T F 正 正

正	正							
바를 정	바를 정							

뜻이 비슷한 한자 直(곧을 직)

1 다음 한자에 해당하는 뜻과 음(소리)을 찾아 ○표 하세요.

2 칠판에 적힌 문제의 답을 바르게 말한 동물을 찾아 ○표 하세요.

점선 위로 겹쳐서 한자를 써 보세요.

연한 글씨 위로 겹쳐서 한자를 따라 써 보세요.

한자 4 부수 攴(攵) | 총 11획

敎 가르칠 교

지시봉을 들고 아이를 지도하는 모습에서 ☐☐☐☐(이)라는 뜻이 생겼어요.

답 가르치다

쓰는 순서 ノ メ 孝 孝 考 孝 教 教 教

敎	敎						
가르칠 교	가르칠 교						

뜻이 반대인 한자 學(배울 학)

한자 5 부수 肉(月) | 총 8획

育 기를 육

갓난아이를 기르는 모습을 나타낸 한자로 ☐☐☐을/를 뜻해요.

답 기르다

쓰는 순서 、 一 亠 云 产 育 育 育

育	育						
기를 육	기를 육						

한자 6 부수 目 | 총 8획

直 곧을 직

한쪽으로 기울어지지 않고 똑바른 모습을 표현한 한자로 ☐☐☐을/를 뜻해요.

답 곧다

쓰는 순서 一 十 十 六 古 古 肖 直 直

直	直						
곧을 직	곧을 직						

뜻이 비슷한 한자 正(바를 정) **모양이 비슷한 한자** 植(심을 식)

3 다음 한자의 뜻과 음(소리)으로 알맞은 것을 찾아 선으로 이으세요.

4 다음 그림에 해당하는 한자를 바르게 나타낸 것에 ∨표 하세요.

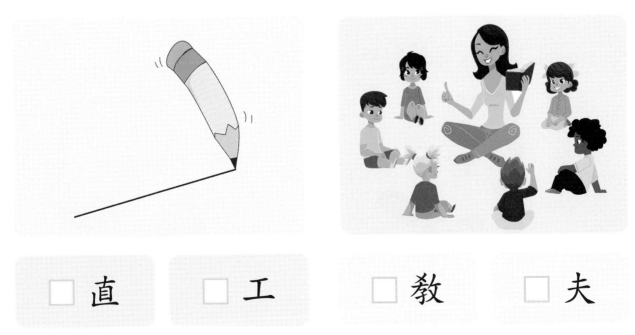

☐ 直　　☐ 工　　☐ 教　　☐ 夫

1 다음 한자의 뜻과 음(소리)으로 알맞은 것을 찾아 선으로 이으세요.

| 夫 | • | • | 기르다 | • | • | 육 |
| 育 | • | • | 지아비 | • | • | 부 |

2 다음 문장의 내용이 맞으면 '예', 틀리면 '아니요'에 ○표 하세요.

'正'의 뜻과 음(소리)은 '저녁 석'입니다.　예　아니요

'工'의 뜻과 음(소리)은 '장인 공'입니다.　예　아니요

3 다음 뜻에 해당하는 한자를 찾아 ∨표 하세요.

곧다　　가르치다

□ 來　　□ 直　　□ 教　　□ 活

▶정답 12쪽

4 다음 밑줄 친 말에 해당하는 한자를 찾아 ○표 하세요.

나무가 <u>곧게</u> 자랐습니다.

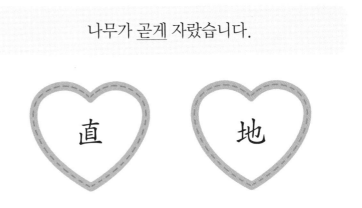

5 다음 한자의 뜻과 음(소리)으로 알맞은 것을 찾아 ○표 하세요.

번개 전 　　　 장인 공

수풀 림 　　　 바를 정

6 다음 한자 카드에 들어갈 한자나 한자의 뜻과 음(소리)을 빈칸에 쓰세요.

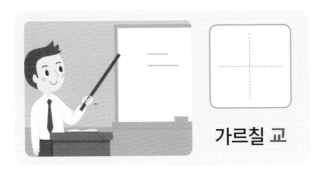

가르칠 교

正

점선 위로 겹쳐서 한자를 써 보세요.

연한 글씨 위로 겹쳐서 한자를 따라 써 보세요.

한자 1 부수 文 | 총 4획

文 글월 문

글씨가 모인 문서나 책을 나타낸 한자로 ☐을/를 뜻해요.

답 글월(글)

쓰는 순서 `丶一ナ文`

文 文

글월 문 글월 문

한자 2 부수 子 | 총 6획

字 글자 자

집에서 아이를 기르는 모습을 나타낸 한자로 후에 뜻이 변하여 ☐을/를 뜻하게 되었어요.

답 글자

쓰는 순서 `丶丶宀宁字字`

字 字

글자 자 글자 자

한자 3 부수 言 | 총 10획

記 기록할 기

뒤섞인 일을 순서대로 적는 일을 표현한 한자로 ☐을/를 뜻해요.

답 기록하다

쓰는 순서 `丶一二主言言言記記記`

記 記

기록할 기 기록할 기

---

1 다음 뜻과 음(소리)에 맞는 한자를 찾아 바르게 연결하세요.

2 퀴즈의 정답을 바르게 말한 학생을 찾아 ○표 하세요.

뜻이 '글월'이고, 음(소리)이 '문'인 한자는?

점선 위로 겹쳐서 한자를 써 보세요.

연한 글씨 위로 겹쳐서 한자를 따라 써 보세요.

한자 **4** 부수 言 | 총 14획

語 말씀 어

사람이 이야기하는 모습을 나타낸 한자로 [ ]을/를 뜻해요.

답 말씀

쓰는 순서 ` ㄴ ㅌ 三 言 言 言 言 訂 訝 語 語 語 語

語 語

말씀 어　　말씀 어

한자 **5** 부수 口 | 총 11획

問 물을 문

다른 사람의 집 앞에서 질문하는 모습을 표현한 한자로 [ ]을/를 뜻해요.

답 묻다

쓰는 순서 l ㄲ ㄲ ㄲ ㅌ 門 門 門 門 問 問

問 問

물을 문　　물을 문

뜻이 반대인 한자 答(대답 답)　**모양이 비슷한 한자** 門(문 문), 間(사이 간)

한자 **6** 부수 竹(⺮) | 총 12획

答 대답 답

옛날에 대나무로 편지를 주고받았던 모습에서 [ ](이)라는 뜻이 생겼어요.

답 대답

쓰는 순서 ` ㅅ ㅆ ㅆ ㅆ ㅆ 竺 竺 竺 答 答 答

答 答

대답 답　　대답 답

뜻이 반대인 한자 問(물을 문)

3 생쥐가 말하는 뜻과 음(소리)에 해당하는 한자를 찾아 ○표 하세요.

대답 답

答　男　安

4 한자의 뜻과 음(소리)을 바르게 말한 동물을 찾아 <u>모두</u> ○표 하세요.

말씀 어

기운 기

問

물을 문

語　答

1 다음 한자의 뜻과 음(소리)을 쓰세요.

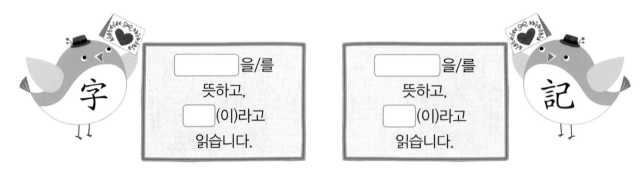

字 [　　　　]을/를 뜻하고, [　　](이)라고 읽습니다.

記 [　　　　]을/를 뜻하고, [　　](이)라고 읽습니다.

2 친구들이 쓴 한자의 뜻과 음(소리)을 보기 에서 찾아 그 번호를 쓰세요.

보기

① 물을 **문**　　　② 기록할 **기**　　　③ 대답 **답**

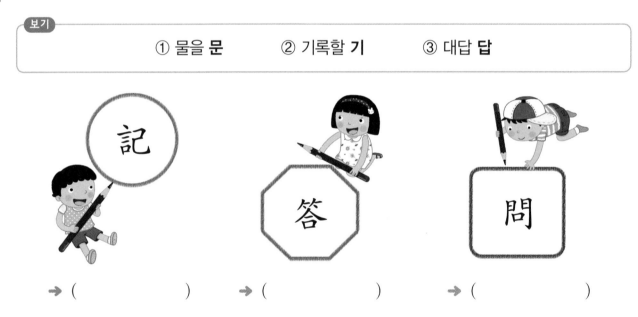

記 → (　　　　)　　答 → (　　　　)　　問 → (　　　　)

3 다음 한자의 뜻과 음(소리)으로 알맞은 것을 찾아 선으로 이으세요.

文 ・　　・ 말씀 ・　　・ 문

語 ・　　・ 글월 ・　　・ 어

▶정답 13쪽

4 다음 밑줄 친 낱말에 해당하는 한자를 찾아 ○표 하세요.

친구의 질문에 <u>대답</u>을 했습니다.

秋   答

5 다음 문장의 내용이 맞으면 '예', 틀리면 '아니요'에 ○표 하세요.

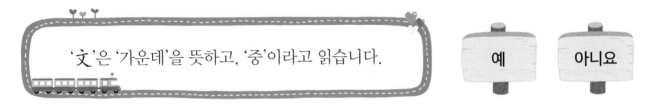

'文'은 '가운데'을 뜻하고, '중'이라고 읽습니다.

예   아니요

6 사다리를 타고 내려가 뜻과 음(소리)이 바르게 이어진 한자에 ○표 하세요.

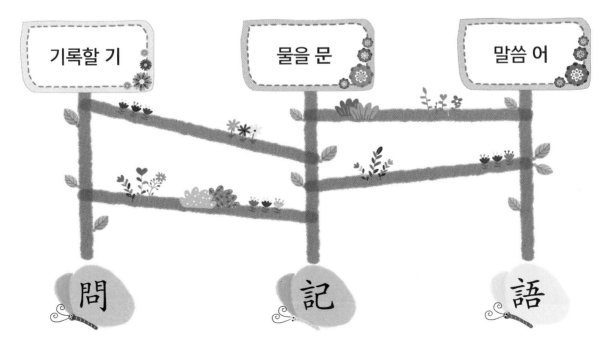

기록할 기   물을 문   말씀 어

問   記   語

대표 한자어 01

정답

正	答
바를 정	대답 답

뜻 옳은 답.

정직

正	直
바를 정	곧을 직

뜻 마음에 거짓이나 꾸밈이 없이 바르고 곧음.

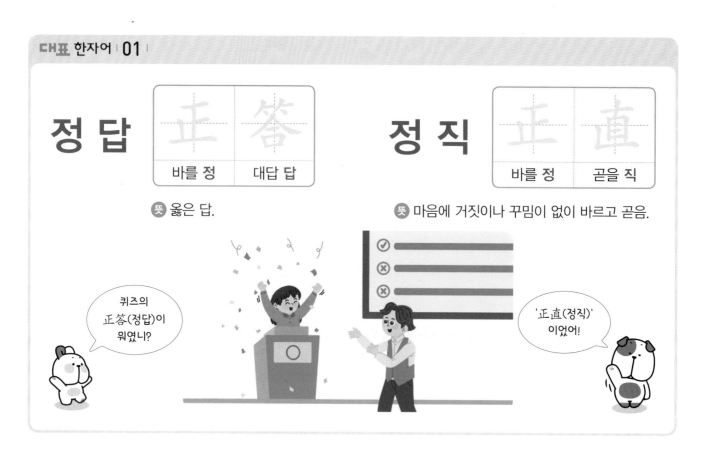

퀴즈의 正答(정답)이 뭐였니?

'正直(정직)' 이었어!

대표 한자어 02

공부

工	夫
장인 공	지아비 부

뜻 학문이나 기술을 배우고 익힘.

한자 工夫 (공부)하는 시간이 제일 좋아.

대표 한자어 03

공장

工	場
장인 공	마당 장

뜻 원료나 재료를 가공하여 물건을 만들어 내는 곳.

이 工場(공장) 에서 나오는 매연 때문에 환경오염이 걱정돼.

대표 한자어 | 04 |

육 림

| 기를 육 | 수풀 림 |

뜻 나무를 심거나 씨를 뿌려 가꾸는 일.

나무에 비료를 주며 育林(육림) 작업을 하고 있는 중이야.

비료

대표 한자어 | 05 |

교 육

| 가르칠 교 | 기를 육 |

뜻 지식과 기술을 가르치며 인격을 길러 줌.

선생님은 학교에서 아이들을 敎育(교육) 하는 일을 해.

대표 한자어 | 06 |

직 립

| 곧을 직 | 설 립 |

뜻 꼿꼿하게 바로 섬.

사람은 直立 (직립)하면서 손을 자유롭게 쓸 수 있어.

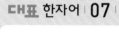
대표 한자어 07

문 자

글월 문	글자 자

> 뜻 인간의 언어를 눈으로 읽을 수 있게 나타낸 기호.

文字(문자) 기록이 없던 시대를 선사 시대 라고 한대.

한 자

한수/한나라 **한**	글자 **자**

> 뜻 고대 중국에서 만든 문자.

그럼 漢字(한자)는 선사 시대 이후부터 널리 쓰였겠구나!

대표 한자어 08

일 기

날 일	기록할 기

> 뜻 날마다 자신이 겪은 일이나 생각, 느낌을 적은 기록.

日記(일기)를 매일 쓰려고 했는데, 꾸준히 쓰는 건 어려워.

대표 한자어 09

기 사

기록할 기	일 사

> 뜻 신문이나 잡지에서 어떤 사실을 알리는 글.

이 신문에 재미있는 記事(기사)가 실려 있다는데 궁금하지 않아?

항상 널 응원해!

대표 한자어 | 10 |

문 답

問	答
물을 문	대답 답

뜻 물음과 대답. 서로 묻고 대답함.

강연이 끝나고
問答(문답)을 하고
있는 모습이 보여.

대표 한자어 | 11 |

국 어

國	語
나라 국	말씀 어

뜻 한 나라의 국민이 쓰는 말. 우리나라의 언어.

외국에서 자란
내 친구는 國語(국어)
공부를 열심히
하고 있어.

대표 한자어 | 12 |

어 문

語	文
말씀 어	글월 문

뜻 말과 글을 함께 이르는 말.

우리나라의 語文
(어문)을 아끼고 사랑
하는 마음이 중요해.

1 ◯에 알맞은 글자를 넣어 낱말을 만드세요.

나무를 심거나 씨를 뿌려 가꾸는 일. ▶ ◯ 림

Tip

'育'은 '기르다'를 뜻하고, [   ](이)라고 읽습니다.

답 육

2 다음 뜻에 해당하는 낱말을 찾아 ◯표 하세요.

꼿꼿하게 바로 섬.

문자   직립

Tip

'直'은 '곧다'를 뜻하고, [   ](이)라고 읽습니다.

답 직

3 다음 문장의 내용이 맞으면 '예', 틀리면 '아니요'에 ◯표 하세요.

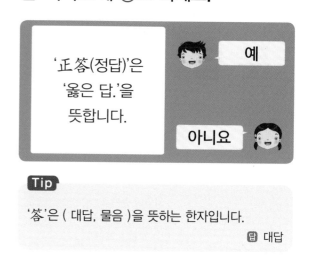

'正答(정답)'은 '옳은 답.'을 뜻합니다.

예

아니요

Tip

'答'은 (대답, 물음)을 뜻하는 한자입니다.

답 대답

4 다음에서 '고대 중국에서 만든 문자.'를 뜻하는 한자어를 찾아 ◯표 하세요.

漢字   文字

Tip

'字'는 [   ]을/를 뜻하고, '자'라고 읽습니다.

답 글자

5 다음 뜻에 해당하는 낱말을 찾아 선으로 이으세요.

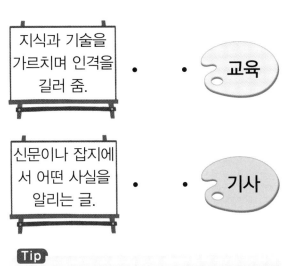

지식과 기술을
가르치며 인격을
길러 줌. •

• 교육

신문이나 잡지에
서 어떤 사실을
알리는 글. •

• 기사

Tip

'敎'는 (가르치다, 배우다)를 뜻하는 한자입니다.

답 가르치다

6 다음 한자어의 뜻을 바르게 나타낸 것을 찾아 ∨표 하세요.

正直

☐ 마음에 거짓이나 꾸밈이 없이 바르고 곧음.

☐ 인간의 언어를 눈으로 읽을 수 있게 나타낸 기호.

Tip

'正'은 [   ]을/를 뜻하고, '정'이라고 읽습니다.

답 바르다

7 다음 낱말 퍼즐을 푸세요.

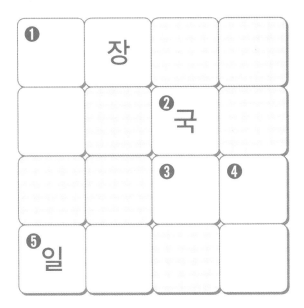

가로 열쇠

❶ 원료나 재료를 가공하여 물건을 만들어 내는 곳.
❸ 말과 글을 함께 이르는 말.
❺ 날마다 자신이 겪은 일이나 생각, 느낌을 적은 기록.

세로 열쇠

❶ 학문이나 기술을 배우고 익힘.
❷ 한 나라의 국민이 쓰는 말. 우리나라의 언어.
❹ 물음과 대답. 서로 묻고 대답함.

Tip

'말과 글을 함께 이르는 말.'을 뜻하는 한자어는 (問答, 語文)입니다.

답 語文

전략 1 한자어의 음(소리) 쓰기

다음 밑줄 친 漢字語한자어의 讀音(독음: 읽는 소리)을 쓰세요.

> 보기
>
> 來日 ➡ 내일

• 한자를 열심히 읽고 쓰며 <u>工夫</u>했습니다. ➡ (   )

답 공부

필수 예제 01

다음 밑줄 친 漢字語한자어의 讀音(독음: 읽는 소리)을 쓰세요.

> 보기
>
> 時間 ➡ 시간

(1) 다음 달에 정부는 <u>育林</u> 사업을 추진한다고 밝혔습니다. ➡ (   )

(2) 이 책은 아이들의 <u>教育</u>에 유익합니다. ➡ (   )

> 먼저 문장의 내용을
> 파악하고 한자어를
> 읽도록 합니다.

(3) 그 사건에 관한 많은 <u>記事</u>가 쏟아졌습니다. ➡ (   )

전략 2 한자의 뜻과 음(소리) 쓰기

다음 漢字한자의 訓(훈: 뜻)과 音(음: 소리)을 쓰세요.

> **보기**
>
> 來 ➡ 올 래

• 正 ➡ (   )

답 바를 정

필수 예제 02

다음 漢字한자의 訓(훈: 뜻)과 音(음: 소리)을 쓰세요.

> **보기**
>
> 夕 ➡ 저녁 석

(1) 夫 ➡ (   )

(2) 語 ➡ (   )

(3) 答 ➡ (   )

한자의 뜻과 음(소리)을
정확하게 구분하여 알아
두어야 합니다.

전략 3 제시된 한자어 찾기

다음 밑줄 친 漢字語한자어를 보기에서 찾아 그 번호를 쓰세요.

보기

① 敎育   ② 正答   ③ 國語   ④ 日記

• 매일 일기를 쓰는 습관을 만드는 것은 어렵습니다. ➡ (   )

답 ④

필수 예제 03

다음 밑줄 친 漢字語한자어를 보기에서 찾아 그 번호를 쓰세요.

보기

① 工場   ② 文字   ③ 直立   ④ 正答

(1) 한글은 독창적이고 과학적인 문자입니다. ➡ (   )

먼저 문장 속에 쓰인 말의 뜻을 알아내고, 그 뜻에 알맞은 한자어를 찾아내도록 합시다.

(2) 마을은 공장으로 가득 차 있습니다. ➡ (   )

(3) 퀴즈 대회에 나가서 정답을 맞히려고 밤새 공부했습니다. ➡ (   )

전략 **4** 뜻과 음(소리)에 맞는 한자 찾기

다음 訓(훈: 뜻)과 音(음: 소리)에 맞는 漢字한자를 보기 에서 찾아 그 번호를 쓰세요.

보기

① 敎　　② 文　　③ 直　　④ 字

• 글월 문 ➜ (　　　　　　)

답 ②

필수 예제 **04**

다음 訓(훈: 뜻)과 音(음: 소리)에 맞는 漢字한자를 보기 에서 찾아 그 번호를 쓰세요.

보기

① 答　　② 工　　③ 問　　④ 夫

(1) 물을 문 ➜ (　　　　　)

(2) 대답 답 ➜ (　　　　　)

한자의 뜻과
음(소리)은 반드시 함께
알아 두어야 합니다.

(3) 장인 공 ➜ (　　　　　)

[한자어의 음(소리) 쓰기]

1 다음 밑줄 친 漢字語한자어의 讀音(독음: 읽는 소리)을 쓰세요.

사람은 <u>直立</u> 자세로 걷습니다.

➡ (   )

[한자어의 음(소리) 쓰기]

2 다음 밑줄 친 漢字語한자어의 讀音(독음: 읽는 소리)을 쓰세요.

면접관과 <u>問答</u>을 주고받았습니다.

➡ (   )

[한자의 뜻과 음(소리) 쓰기]

3 다음 漢字한자의 訓(훈: 뜻)과 音(음: 소리)을 쓰세요.

> 보기
>
> 每 ➡ 매양 매

• 記 ➡ (   )

[한자의 뜻과 음(소리) 쓰기]

4 다음 漢字한자의 訓(훈: 뜻)과 音(음: 소리)을 쓰세요.

> 보기
>
> 春 ➡ 봄 춘

• 教 ➡ (   )

[제시된 한자어 찾기]

5 다음 밑줄 친 漢字語한자어를 보기 에서 찾아 그 번호를 쓰세요.

Tip
'정직'은 '마음에 거짓이나 꾸밈이 없이 바르고 곧음.'을 뜻합니다.

> 보기
>
> ① 育林　　② 漢字　　③ 正直　　④ 語文

• 우리 반 급훈은 <u>정직</u>입니다.

➡ (　　　　　　)

[뜻과 음(소리)에 맞는 한자 찾기]

6 다음 訓(훈: 뜻)과 音(음: 소리)에 맞는 漢字한자를 보기 에서 찾아 그 번호를 쓰세요.

Tip
'장인 공'은 '장인'이나 '일', '솜씨'를 뜻합니다.

> 보기
>
> ① 育　　　② 工　　　③ 語　　　④ 字

• 장인 공 ➡ (　　　　　　)

[제시된 뜻에 맞는 한자어 찾기]

7 다음 뜻에 맞는 漢字語한자어를 보기 에서 찾아 그 번호를 쓰세요.

Tip
'공장'은 '장인 공'과 '마당 장'이 합쳐진 한자어입니다.

> 보기
>
> ① 國語　　② 工夫　　③ 記事　　④ 工場

• 원료나 재료를 가공하여 물건을 만들어 내는 곳.

➡ (　　　　　　)

01 다음 ☐ 안에 들어갈 한자를 찾아 ○표 하세요.

國 ☐ 공부를 열심히 했습니다.

正　　　語

02 다음 밑줄 친 낱말에 해당하는 한자어를 보기 에서 찾아 그 번호를 쓰세요.

> 보기
> ① 記事　② 文字　③ 教育

• 천재 소년에 대한 기사가 신문의 앞면을 장식했습니다.

→ (　　　　　　)

03 다음 한자의 뜻과 음(소리)을 쓰세요.

> 보기
> 電 → 번개 **전**

(1) 字 → (　　　　　　)

(2) 文 → (　　　　　　)

04 다음 ☐ 안에 들어갈 한자를 보기 에서 찾아 그 번호를 쓰세요.

> 보기
> ① 夫　　② 育　　③ 答

• 工 ☐ : 학문이나 기술을 배우고 익힘.

→ (　　　　　　)

05 다음 한자의 뜻을 보기 에서 찾아 그 번호를 쓰세요.

> 보기
> ① 바르다　② 기르다　③ 곧다

• 直 → (　　　　　　)

▶정답 15쪽

06 다음 밑줄 친 한자어의 음(소리)을 쓰세요.

> **보기**
>
> 夕食 ➡ 석식

• 하루를 감사하는 마음을 담아 매일 감사 <u>日記</u>를 적었습니다.

           ➡ (   )

07 다음 뜻과 음(소리)에 해당하는 한자를 **보기** 에서 찾아 그 번호를 쓰세요.

> **보기**
>
> ① 字   ② 問   ③ 工

• 장인 공 ➡ (   )

08 다음 밑줄 친 한자어의 음(소리)을 찾아 ∨표 하세요.

> <u>育林</u> 사업으로 숲을
> 살려야 합니다.

  ☐ 육림   ☐ 육지

09 다음 **설명** 에 해당하는 한자어의 ☐ 안에 들어갈 한자를 **보기** 에서 찾아 그 번호를 쓰세요.

> **보기**
>
> ① 記   ② 文   ③ 育

> **설명**
>
> 말과 글을 함께 이르는 말.

語 ☐ ➡ (   )

10 다음 밑줄 친 낱말에 해당하는 한자어를 **보기** 에서 찾아 그 번호를 쓰세요.

> **보기**
>
> ① 漢字 ② 工夫 ③ 正答

• <u>정답</u>을 맞히자 폭죽이 터졌습니다.

         ➡ (   )

1 위의 대화를 읽고 수업 시간에 집중할 수 있는 방법을 한 가지 이상 쓰세요.

→ (   )

창의 융합

2 위의 대화를 읽고 사물, 시설, 행동 등을 그림으로 표현해 누구나 쉽게 알아볼 수 있는 그림 문자는 무엇인지 쓰세요.

➡ (   )

코딩

1 '♥' 지점에서 왼쪽 명령어 가 가리키는 방향으로 따라갔을 때, 만나는 한자를 차례로 조합해서 한자어의 음(소리)을 쓰세요.

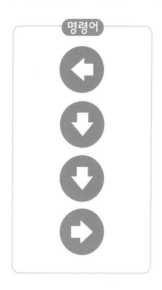

• 한자어의 음(소리) ➡ (　　　　　　　　　　)

창의 융합

2 다음 힌트 를 보고 강아지의 간식이 숨겨져 있는 곳을 그림에서 찾아 ○표 하세요.

힌트

간식을 찾아라!

강아지가 찾는 간식은
뜻이 '기록하다'인 집에 있지 않고,
음(소리)이 '문'인 곳에 있지 않다.
한자어 '정직'에 포함되며,
'곧을 직'이라고 읽는 곳에 있다.

간식은 어디에 있을까?

▶정답 15쪽

3 다음 순서도에 따라 조건이 맞으면 '예', 맞지 않으면 '아니요'를 눌렀을 때, 눌러야 하는 버튼의 모양을 그리세요.

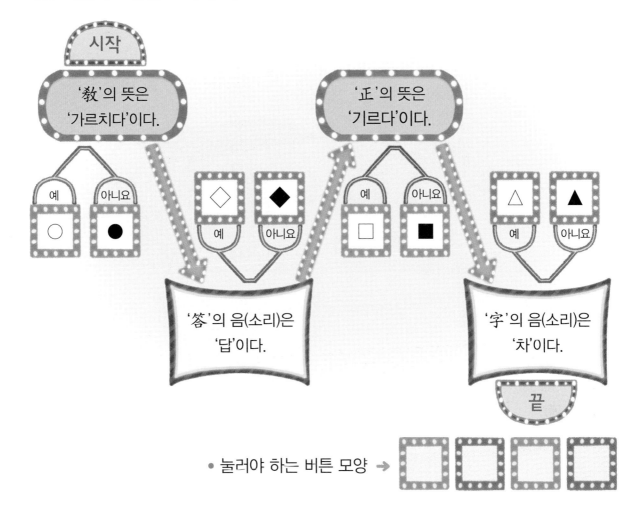

• 눌러야 하는 버튼 모양 ➡

창의 융합

4 다음 글을 읽고, 밑줄 친 ㉠, ㉡에 해당하는 한자의 음(소리)을 쓰세요.

　　수영은 팔과 다리를 이용하여 물에서 헤엄치는 활동으로 자유형, 배영, 평영, 접영이 있습니다. 이 중 자유형은 몸을 ㉠곧게 펴고 엎드린 자세로 팔을 들어 올려 번갈아 휘저으며 발차기를 하고, 배영은 위를 향하여 ㉡바르게 누워서 양팔을 번갈아 휘저으며 두 발로 물장구를 칩니다.

㉠ 곧게 ➡ (　　　　　　　), ㉡ 바르게 ➡ (　　　　　　　)

5 그림 속 한자에 해당하지 <u>않는</u> 뜻을 고르세요.

① 가르치다   ② 기록하다   ③ 장인   ④ 글자

→ (   )

6 다음 그림에서 보기 의 뜻에 해당하는 한자를 <u>모두</u> ○표 하세요.

> 보기
>
> 대답   묻다   말씀   장인

7 다음 그림에서 전선을 따라가며 전기가 통해 전구가 켜지는 곳에 ○표 하고, 그 뜻과 음(소리)에 맞는 한자를 쓰세요.

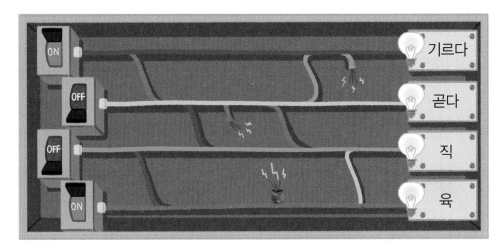

8 다음 글을 읽고, 밑줄 친 한자어의 음(소리)을 쓰세요.

옛 사람들은 공부를 해야 ㉠正直하고 올바르게 살아가는 방법을 배울 수 있다고 생각했습니다. 또한 사람답게 살기 위해서는 도덕을 배우는 것이 가장 중요한 ㉡工夫라고 여겼습니다.

㉠ 正直 ➡ (   ), ㉡ 工夫 ➡ (   )

색깔/숫자 한자

❶ 物 물건 물   ❷ 色 빛 색   ❸ 青 푸를 청   ❹ 白 흰 백   ❺ 旗 기 기
❻ 紙 종이 지   ❼ 數 셈 수   ❽ 算 셈 산   ❾ 十 열 십   ❿ 百 일백 백
⓫ 千 일천 천   ⓬ 萬 일만 만

점선 위로 겹쳐서 써 보세요.

연한 글씨 위로 겹쳐서 한자를 따라 써 보세요.

한자 1 부수 牛(牜) | 총 8획

物 물건 물

제사 지낼 때 바치던 소를 나타낸 한자로 후에 ☐☐을/를 뜻하게 되었어요.

답 물건

쓰는 순서 ノ ㅒ 牛 牜 牜 牪 物 物

物 물건 물

物 물건 물

한자 2 부수 色 | 총 6획

色 빛 색

반짝이는 빛깔을 의미하는 한자로 '색깔' 또는 ☐☐을/를 뜻해요.

답 빛

쓰는 순서 ノ ㄥ ㄅ ㅅ 岛 色

色 빛 색

色 빛 색

한자 3 부수 靑 | 총 8획

靑 푸를 청

우물의 맑음과 초목의 푸름을 나타낸 한자로 ☐☐을/를 뜻해요.

답 푸르다

쓰는 순서 一 二 ㄳ 主 靑 靑 靑 靑

靑 푸를 청

靑 푸를 청

---

1 다음 한자의 뜻과 음(소리)으로 알맞은 것을 찾아 선으로 이으세요.

2 다음 사진과 관련이 있는 한자를 찾아 ∨표 하세요.

☐ 色

☐ 世

점선 위로 겹쳐서 써 보세요.

연한 글씨 위로 겹쳐서 한자를 따라 써 보세요.

한자 4 부수 白 | 총 5획

白 흰 백

밝게 빛나는 불빛을 표현한 한자로 '밝다', [   ]을/를 뜻해요.

답 희다

쓰는 순서 ノ ′ 冂 白 白

白	白						
흰 백	흰 백						

모양이 비슷한 한자 百(일백 백), 自(스스로 자)

한자 5 부수 方 | 총 14획

旗 기 기

바람에 나부끼고 있는 깃발의 모습을 표현한 한자로 [   ]을/를 뜻해요.

답 기(깃발)

쓰는 순서 ` 亠 亠 方 方 方 扩 扩 斿 斿 斿 旌 旗 旗

旗	旗						
기 기	기 기						

한자 6 부수 糸 | 총 10획

紙 종이 지

식물의 섬유를 넓게 펴서 매끈해진 종이의 모습을 나타낸 한자로 [   ]을/를 뜻해요.

답 종이

쓰는 순서 ㇣ 纟 幺 纟 糸 糸 糽 紅 紙 紙

紙	紙						
종이 지	종이 지						

3 다음 한자의 뜻과 음(소리)으로 알맞은 것을 찾아 ○표 하세요.

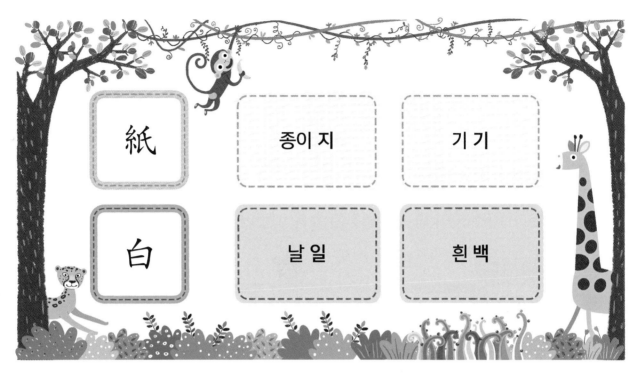

紙

白

종이 지

기 기

날 일

흰 백

4 사진을 바르게 나타낸 한자에 ○표 하세요.

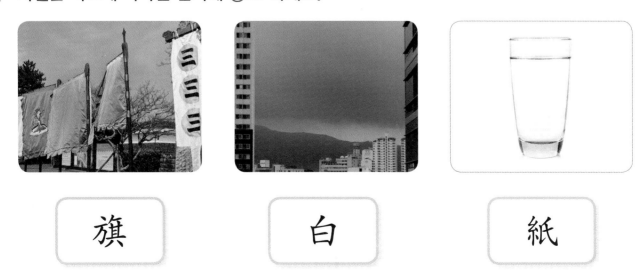

旗

白

紙

1 다음 문장의 내용이 맞으면 '예', 틀리면 '아니요'에 ○표 하세요.

'白'의 뜻과 음(소리)은 '살 활' 입니다.

예
아니요

'色'의 뜻과 음(소리)은 '빛 색' 입니다.

예
아니요

2 한자와 뜻과 음(소리)이 바르게 연결된 것은 빈칸에 ○표, 틀린 것은 ✕표 하세요.

푸르다   청   青   (   )

紙   번개   전   (   )

3 다음 한자에 해당하는 뜻과 음(소리)에 ∨표 하세요.

旗

物

☐ 기 기   ☐ 때 시   ☐ 물건 물   ☐ 이름 명

4 다음 한자의 뜻과 음(소리)으로 알맞은 것을 찾아 선으로 이으세요.

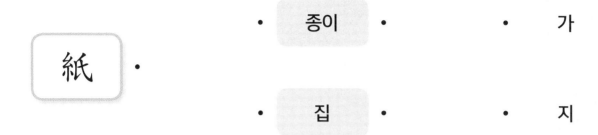

紙

· 종이 ·

· 집 ·

· 가

· 지

5 다음 밑줄 친 낱말에 해당하는 한자를 찾아 ○표 하세요.

사용한 <u>물건</u>은 제자리에 두어야 합니다.

物

內

6 다음 한자 카드에 들어갈 한자나 한자의 뜻과 음(소리)을 빈칸에 쓰세요.

빛 색

青

점선 위로 겹쳐서 써 보세요.

연한 글씨 위로 겹쳐서 한자를 따라 써 보세요.

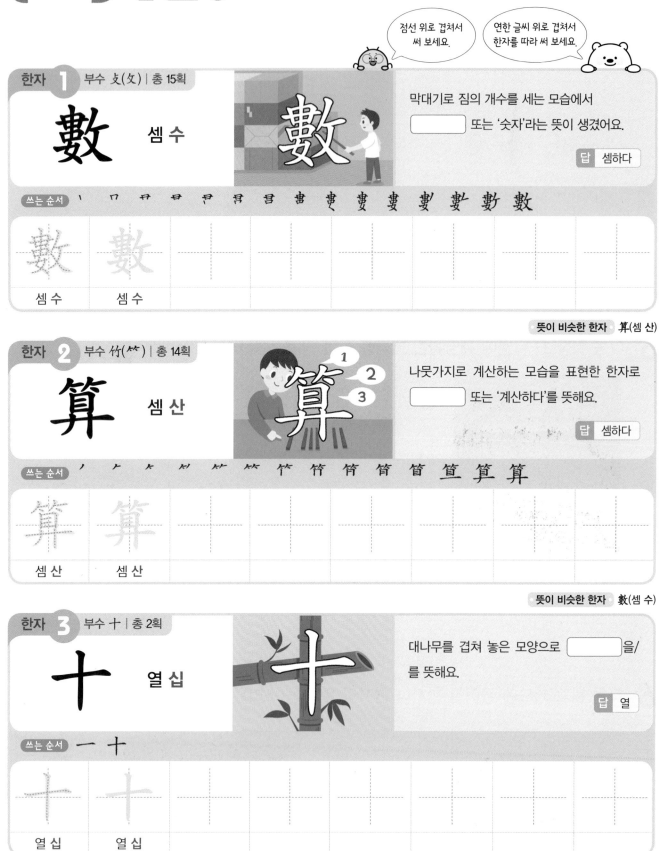

한자 ① 부수 攴(攵) | 총 15획

數 셈 수

막대기로 짐의 개수를 세는 모습에서 [   ] 또는 '숫자'라는 뜻이 생겼어요.

답 셈하다

쓰는 순서 ` ⼁ ⼌ ⼎ ⽥ ⾒ ⾒ ⾒ ⾒ ⾒ 婁 婁 數 數 數

셈 수   셈 수

뜻이 비슷한 한자 算(셈 산)

한자 ② 부수 竹(⺮) | 총 14획

算 셈 산

나뭇가지로 계산하는 모습을 표현한 한자로 [   ] 또는 '계산하다'를 뜻해요.

답 셈하다

쓰는 순서 ` ⼂ ⼐ ⼫ ⽵ ⽵ ⽵ 筲 筲 筲 筲 筲 算 算

셈 산   셈 산

뜻이 비슷한 한자 數(셈 수)

한자 ③ 부수 十 | 총 2획

十 열 십

대나무를 겹쳐 놓은 모양으로 [   ]을/를 뜻해요.

답 열

쓰는 순서 ⼀ 十

열 십   열 십

1 다음 한자의 뜻과 음(소리)으로 알맞은 것을 찾아 선으로 이으세요.

數

算

셈 수

물을 문

글월 문

셈 산

2 그림에서 한자 '열 십'을 따라가 보물을 찾으세요.

2주 02일 급수 한자 돌파 전략 ❶

점선 위로 겹쳐서 써 보세요.

연한 글씨 위로 겹쳐서 한자를 따라 써 보세요.

한자 4 부수 白 | 총 6획

百 일백 백

넓거나 깊다는 뜻에서 '많다' 또는 [　　　] 을/를 뜻하게 되었어요.

답 일백

쓰는 순서 一 丆 丆 丆 百 百

百	百				
일백 백	일백 백				

모양이 비슷한 한자 白(흰 백), 自(스스로 자)

한자 5 부수 十 | 총 3획

千 일천 천

많은 사람을 표현한 한자로 [　　　] 을/를 뜻해요.

답 일천

쓰는 순서 ノ 二 千

千	千				
일천 천	일천 천				

한자 6 부수 艸(艹) | 총 13획

萬 일만 만

알을 많이 낳는 전갈을 본떠서 '많은 수' 또는 [　　　] 을/를 뜻하게 되었어요.

답 일만

쓰는 순서 一 十 十 艹 艹 芇 苩 苩 茵 萬 萬 萬 萬

萬	萬				
일만 만	일만 만				

3 다음 한자의 뜻과 음(소리)을 바르게 나타낸 것을 찾아 ○표 하세요.

소스로 자

일백 백

마당 장

일만 만

4 섬에 쓰여 있는 뜻과 음(소리)에 해당하는 한자를 찾아 선으로 이으세요.

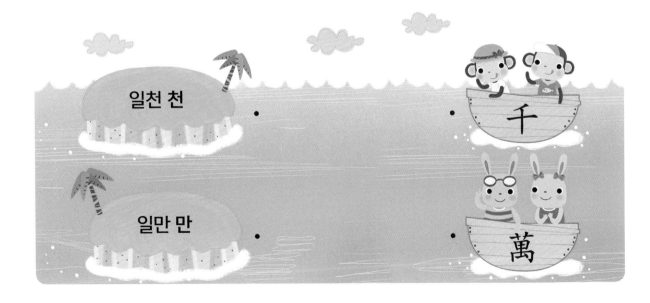

일천 천

일만 만

千

萬

1 다음 문장의 내용이 맞으면 '예', 틀리면 '아니요'에 ◯표 하세요.

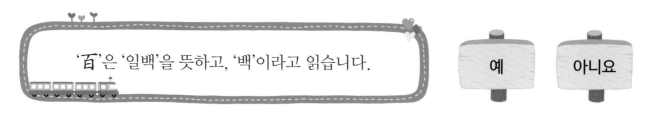

'百'은 '일백'을 뜻하고, '백'이라고 읽습니다.

예   아니요

2 다음 한자의 뜻과 음(소리)으로 알맞은 것을 찾아 ◯표 하세요.

數

千

가르칠 교   셈 수

사이 간   일천 천

3 다음 한자에 해당하는 음(소리)을 찾아 ∨표 하세요.

萬

☐ 만   ☐ 문   ☐ 천

4 다음 밑줄 친 낱말에 해당하는 한자를 찾아 ○표 하세요.

이 공책은 <u>천</u> 원입니다.

5 다음 한자의 뜻과 음(소리)으로 알맞은 것을 찾아 선으로 이으세요.

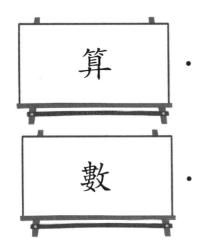

6 다음 밑줄 친 한자의 음(소리)으로 알맞은 것을 찾아 ○표 하세요.

장수를 기원하는 뜻으로 <u>十</u>장생이 새겨진
작품을 선물했습니다.

대표 한자어 01

동물

動	物
움직일 동	물건 물

뜻 사람을 제외한 짐승, 새, 벌레, 물고기 따위의 생물.

만물

萬	物
일만 만	물건 물

뜻 세상에 있는 모든 것.

들판에 動物(동물)과 식물이 가득해!

겨울이 지나고 봄이 오니 세상 萬物(만물)이 깨어났나봐.

대표 한자어 02

기색

氣	色
기운 기	빛 색

뜻 얼굴에 나타나는 빛.

아주머니가 무슨 이야기를 들으셨는지 놀란 氣色(기색)이셔.

대표 한자어 03

청색

靑	色
푸를 청	빛 색

뜻 밝고 선명한 푸른색.

저 아름다운 靑色(청색) 바다에 풍덩 빠지고 싶어!

대표 한자어 04

국기

國	旗
나라 국	기 기

뜻 나라를 상징하는 기.

우리나라 國旗(국기)를 보니까 가슴이 벅차오르는 기분이 들어.

대표 한자어 05

청 산

靑	山
푸를 청	메 산

뜻 풀과 나무가 무성한 푸른 산.

비가 그치고 나니 저 靑山(청산)이 더욱 푸르러 보여.

대표 한자어 06

백 지

白	紙
흰 백	종이 지

뜻 아무것도 적지 않은 비어 있는 종이.

白紙(백지)에 어떤 그림이든 마음껏 그려봐!

대표 한자어 07

백방

百	方
일백 백	모 방

뜻 온갖 방법. 여러 방면.

백성

百	姓
일백 백	성 성

뜻 일반 국민을 이르던 옛말.

비가 오지 않아서 모두가 百方(백방)으로 노력하고 있어.

百姓(백성)들은 하늘에서 비가 내리는 것을 간절히 원하고 있어.

대표 한자어 08

숫자

數	字
셈 수	글자 자

뜻 수를 나타내는 글자.

이 암호를 풀어야 數字(숫자) 비밀번호를 알 수 있어.

대표 한자어 09

산수

算	數
셈 산	셈 수

뜻 계산하는 방법.

算數(산수)를 잘하고 싶으면 곱셈 문제를 많이 연습해서 풀어 봐!

참고 '數字'는 예외적으로 '숫자'라고 읽어요.

항상 널 응원해!

대표 한자어 | 10 |

십 리

| 열 십 | 마을 리 |

뜻 약 4km의 거리를 나타내는 말.

여기서 읍내를 가려면 十里(십리)는 걸어가야 한대.

읍내까지 10리

대표 한자어 | 11 |

천 금

| 일천 천 | 쇠 금 | 성 김 |

뜻 많은 돈이나 비싼 값을 비유적으로 이르는 말.
아주 귀중한 것을 비유적으로 이르는 말.

시간은 千金(천금)과도 같아서, 이 많은 금을 주고도 살 수 없어!

대표 한자어 | 12 |

천 만

| 일천 천 | 일만 만 |

뜻 만의 천 배가 되는 수. 아주 많은 수.

장군님은 적이 千萬 (천만)이 와도 두렵지 않다고 하셨어.

1 ◌에 알맞은 글자를 넣어 낱말을 만드세요.

나라를 상징하는 기.

➤ 국 ◯

Tip

'旗'는 (깃발, 종이)을/를 뜻하는 한자입니다.

🖉 깃발

2 다음 문장의 내용이 맞으면 '예', 틀리면 '아니요'에 ◯표 하세요.

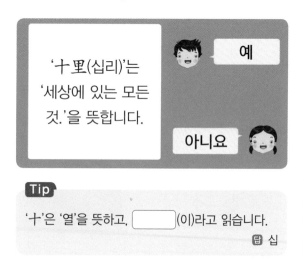

'十里(십리)'는 '세상에 있는 모든 것.'을 뜻합니다.

예

아니요

Tip

'十'은 '열'을 뜻하고, [ ](이)라고 읽습니다.

🖉 십

3 다음에서 '천금(千金)'의 뜻을 바르게 설명한 것에 ◯표 하세요.

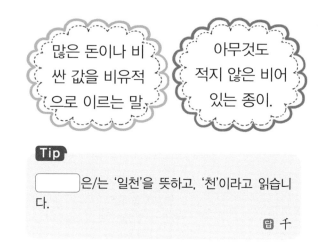

많은 돈이나 비싼 값을 비유적으로 이르는 말.

아무것도 적지 않은 비어 있는 종이.

Tip

[ ]은/는 '일천'을 뜻하고, '천'이라고 읽습니다.

🖉 千

4 다음에서 '계산하는 방법.'을 뜻하는 한자어를 찾아 ◯표 하세요.

算數   白紙

Tip

'算'은 [ ]을/를 뜻하고, '산'이라고 읽습니다.

🖉 셈하다

5 다음 뜻에 해당하는 한자어를 찾아 ○ 표 하세요.

풀과 나무가 무성한 푸른 산.

白紙   青山

Tip

'青'은 '푸르다'를 뜻하고, [ ](이)라고 읽습니다.

답 청

6 다음 뜻에 해당하는 한자어를 찾아 선으로 이으세요.

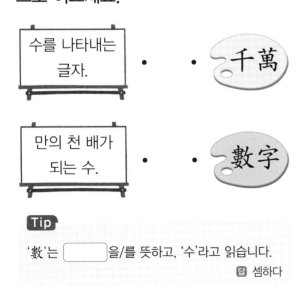

수를 나타내는 글자.   •   • 千萬

만의 천 배가 되는 수.   •   • 數字

Tip

'數'는 [ ]을/를 뜻하고, '수'라고 읽습니다.

답 셈하다

7 다음 낱말 퍼즐을 푸세요.

가로 열쇠

❶ 온갖 방법. 여러 방면.
❷ 얼굴에 나타나는 빛.
❹ 사람을 제외한 짐승, 새, 벌레, 물고기 따위의 생물.

세로 열쇠

❶ 일반 국민을 이르던 옛말.
❸ 밝고 선명한 푸른색.
❺ 세상에 있는 모든 것.

Tip

'세상에 있는 모든 것.'을 뜻하는 한자어는 (氣色, 萬物)입니다.

답 萬物

전략 1   한자어의 음(소리) 쓰기

다음 밑줄 친 漢字語한자어**의 讀音**(독음: 읽는 소리)**을 쓰세요.**

> 보기
>
> 工夫 → 공부

• 산불을 진압하기 위해 소방관들이 **百方**으로 노력하고 있습니다. → (   )

답 백방

필수 예제 01

다음 밑줄 친 漢字語한자어**의 讀音**(독음: 읽는 소리)**을 쓰세요.**

> 보기
>
> 文字 → 문자

(1) **動物**은 식물과 다르게 움직일 수 있습니다. → (   )

(2) 사람의 목숨은 **千金**으로도 사지 못합니다. → (   )

> 먼저 글 속에 쓰인 한자어의 뜻을 알아내고, 각 한자의 음(소리)을 조합하여 읽도록 합니다.

(3) 동생은 장난감을 양보할 **氣色**이 없었습니다. → (   )

전략 2 한자의 뜻과 음(소리) 쓰기

다음 漢字한자의 訓(훈: 뜻)과 音(음: 소리)을 쓰세요.

보기

直 ➡ 곧을 **직**

• 萬 ➡ ( )

답 일만 만

필수 예제 02

다음 漢字한자의 訓(훈: 뜻)과 音(음: 소리)을 쓰세요.

보기

文 ➡ 글월 **문**

(1) 算 ➡ ( )

(2) 物 ➡ ( )

한자는 글자마다
뜻과 음(소리)을 가지고 있어서,
한자의 뜻과 음(소리)을 모두
잘 기억해야 합니다.

(3) 靑 ➡ ( )

전략 **3** 제시된 뜻에 맞는 한자어 찾기

다음 뜻에 맞는 漢字語한자어를 보기 에서 찾아 그 번호를 쓰세요.

보기

① 氣色   ② 數字   ③ 國旗   ④ 百方

• 나라를 상징하는 기. → (   )

답 ③

필수 예제 03

다음 뜻에 맞는 漢字語한자어를 보기 에서 찾아 그 번호를 쓰세요.

보기

① 靑色   ② 百姓   ③ 數字   ④ 算數

(1) 수를 나타내는 글자. → (   )

(2) 밝고 선명한 푸른색. → (   )

한자어의 뜻이 생각나지 않을 때는 한자의 뜻을 조합하여 문제를 풀어 봅시다.

(3) 일반 국민을 이르던 옛말. → (   )

전략 4   뜻과 음(소리)에 맞는 한자 찾기

다음 訓(훈: 뜻)과 音(음: 소리)에 맞는 漢字한자를 보기 에서 찾아 그 번호를 쓰세요.

> 보기
>
> ① 旗   ② 千   ③ 紙   ④ 靑

• 기 기 ➡ (   )

답 ①

필수 예제 04

다음 訓(훈: 뜻)과 音(음: 소리)에 맞는 漢字한자를 보기 에서 찾아 그 번호를 쓰세요.

> 보기
>
> ① 數   ② 十   ③ 百   ④ 白

(1) 흰 백 ➡ (   )

(2) 일백 백 ➡ (   )

한자의 뜻과 음(소리)은
반드시 함께 알아 두어야
합니다.

(3) 셈 수 ➡ (   )

[한자어의 음(소리) 쓰기]

1 다음 밑줄 친 漢字語한자어의 讀音(독음: 읽는 소리)을 쓰세요.

눈 덮인 산이 새하얀 **白紙** 같습니다.

➡ (   )

Tip
'紙'는 '종이'를 뜻하고, '지'라고 읽습니다.

[한자어의 음(소리) 쓰기]

2 다음 밑줄 친 漢字語한자어의 讀音(독음: 읽는 소리)을 쓰세요.

3월 5일은 **萬物**이 깨어나기 시작한다는 경칩입니다.

➡ (   )

Tip
'萬'은 '일만'을 뜻하고, '만'이라고 읽습니다.

[한자의 뜻과 음(소리) 쓰기]

3 다음 漢字한자의 訓(훈: 뜻)과 音(음: 소리)을 쓰세요.

> **보기**
>
> 問 ➡ 물을 문

• 千 ➡ (   )

Tip
'千'은 '일천'을 뜻하는 한자입니다.

[제시된 뜻에 맞는 한자어 찾기]

4 다음 뜻에 맞는 漢字語한자어를 **보기**에서 찾아 그 번호를 쓰세요.

> **보기**
>
> ① 數字   ② 十里   ③ 靑山   ④ 百姓

• 풀과 나무가 무성한 푸른 산. ➡ (   )

Tip
'풀과 나무가 무성한 푸른 산.'을 뜻하는 한자어는 '청산'입니다.

▶정답 19쪽

[제시된 뜻에 맞는 한자어 찾기]

5 다음 뜻에 맞는 漢字語_{한자어}를 보기 에서 찾아 그 번호를 쓰세요.

> 보기
>
> ① 國旗　　② 千萬　　③ 動物　　④ 白紙

- 만의 천 배가 되는 수. 아주 많은 수.

➡ (　　　　　　　)

Tip
'만의 천 배가 되는 수. 아주 많은 수.'를 뜻하는 한자어는 '천만'입니다.

[뜻과 음(소리)에 맞는 한자 찾기]

6 다음 訓_(훈: 뜻)과 音_(음: 소리)에 맞는 漢字_{한자}를 보기 에서 찾아 그 번호를 쓰세요.

> 보기
>
> ① 千　　　② 數　　　③ 色　　　④ 紙

- 종이 지 ➡ (　　　　　　　)

Tip
'종이 지'는 '糸(가는 실 사)'와 '氏(성씨 씨)'가 결합한 한자입니다.

[제시된 한자어 찾기]

7 다음 밑줄 친 漢字語_{한자어}를 보기 에서 찾아 그 번호를 쓰세요.

> 보기
>
> ① 算數　　② 百日　　③ 青色　　④ 國旗

- 오늘 <u>산수</u> 시간에 곱셈을 배웠습니다.

➡ (　　　　　　　)

Tip
'산수'는 '계산하는 방법.'을 뜻합니다.

누구나 만점 전략

01 다음 한자의 뜻과 음(소리)을 쓰세요.

> **보기**
>
> 正 ➡ 바를 **정**

(1) 紙 ➡ ( )

(2) 白 ➡ ( )

02 다음 ⬜ 안에 들어갈 한자를 **보기** 에서 찾아 쓰세요.

> **보기**
>
> 物　　旗　　百

우리나라 國 ⬜ 를 그렸습니다.

➡ ⬜

03 다음 뜻에 맞는 한자어를 **보기** 에서 찾아 그 번호를 쓰세요.

> **보기**
>
> ① 動物　② 靑山　③ 百日

• 사람을 제외한 짐승, 새, 벌레, 물고기 따위의 생물.

➡ ( )

04 다음 밑줄 친 낱말에 해당하는 한자어를 찾아 ∨표 하세요.

> 청색 도자기가 아름다웠습니다.

⬜ 白色　　　⬜ 靑色

05 다음 뜻과 음(소리)에 해당하는 한자를 **보기** 에서 찾아 그 번호를 쓰세요.

> **보기**
>
> ① 色　　② 算　　③ 十

• 셈 산 ➡ ( )

06 다음 **설명**에 해당하는 한자어를 빈 칸을 채워 완성하세요.

설명

약 4km의 거리를 나타내는 말.

답
	里

07 다음 한자의 뜻을 **보기**에서 찾아 그 번호를 쓰세요.

보기

① 일천   ② 물건   ③ 빛

(1) 色 ➡ (   )

(2) 物 ➡ (   )

08 다음 밑줄 친 한자어의 음(소리)을 쓰세요.

보기

國語 ➡ 국어

• 시간은 <u>千金</u>과도 바꿀 수 없습니다.
　　　　　➡ (   )

09 다음 뜻에 해당하는 한자어를 **보기**에서 찾아 그 번호를 쓰세요.

보기

① 算數   ② 萬物   ③ 氣色

• 세상에 있는 모든 것.
　　　　　➡ (   )

10 다음 □ 안에 들어갈 한자를 **보기**에서 찾아 그 번호를 쓰세요.

보기

① 百   ② 紙   ③ 千

• □方: 온갖 방법. 여러 방면.
　　　　　➡ (   )

창의 융합

1 위 대화를 읽고, 초록색을 얻고 싶을 때는 어떤 색들을 섞어야 할지 보기 에서 <u>모두</u> 찾아 ○표 하세요.

보기

青色   노란색   빨간색   白色

창의 융합

2 위 대화를 읽고, 숫자 '萬'은 '十'의 몇 배 많은 수인지 한자로 쓰세요.

답

창의·융합·코딩 전략 ②

코딩

1 <u>조건</u>을 참고하여 기호에 해당하는 글자를 빈칸에 넣은 후, 완성된 뜻과 음(소리)에 해당하는 한자를 쓰세요.

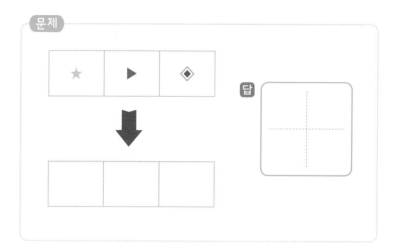

창의 융합

2 다음에서 사회자가 말하는 우리나라의 대표적인 유물에 해당하는 도자기에 <u>모두</u> ○ 표 하세요.

신비한 옥색에 아름다운 그림이 그려져 있는 靑자!
고고하고 기품이 넘치는 白자!
우리나라의 대표적인 도자기 유物을 소개합니다!

▶정답 20쪽

3 규칙 에 있는 한자 명령어를 2개 이상 입력하면 전광판에 불이 겹쳐지면서 4자리의 숫자가 나타납니다. 빈칸에 한자어의 음을 쓴 후 규칙에 따라 전광판을 색칠하세요.

4 다음 글을 읽고, ☐ 안에 알맞은 한자를 쓰세요.

☐ 은/는 바람에 나부끼는 깃발의 모습을 표현한 한자입니다. 우리는 국경일에 '태극 ☐ '을/를 달아 그날의 참된 의미를 마음속에 새기고, 생각하는 시간을 갖곤 합니다.

답

창의 융합

5 아래 보기의 속담에서 밑줄 친 한자어를 순서대로 연결하여, 쥐가 모든 칸을 한 번씩 지나 치즈를 먹으러 갈 수 있도록 길을 표시하세요(대각선으로는 갈 수 없으며, 지나간 길은 다시 갈 수 없습니다.).

보기

말은 **청산**유수다.
말 한마디에 **천금**이 오르내린다.
백지장도 맞들면 낫다.

창의 융합

6 다음 한자 시계를 보고 물음에 알맞은 한자어의 음(소리)을 빈칸에 쓰세요.

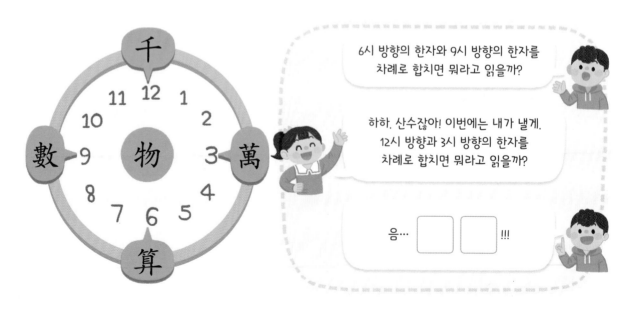

7 명령어 를 사용하여 고양이가 과일을 먹을 수 있게 길을 찾는데 필요한 한자를 쓰세요(색칠되어 있는 칸으로는 이동할 수 없습니다.).

8 다음 일기를 읽고, 밑줄 친 부분을 한자로 잘못 쓴 것을 찾아 그 기호를 쓰세요.

어제는 비가 와서 하늘이 어두웠는데, 다행히 오늘은 하늘이 정말 ㉠푸르다[靑]. 그래서 가족들과 가기로 한 ㉡동물(萬物)원을 갈 수 있었다. 이 동물원은 더 생동감 있게 환경을 조성하기 위해서 나무가 우거진 ㉢청산(靑山) 안에 만들었다고 했다. 청산에서 혼자 호랑이를 만난다고 상상해 보니 정말 무섭고 눈앞이 아찔해졌다. 그 모습을 본 어머니는 나에게 ㉣기색(氣色)이 좋지 않다며 빨리 집에 가자고 하셨다. 역시 호랑이는 무서운 동물이다!

→ (   )

다음 중
直立(직립) 보행하는
동물은 무엇일까요?

1번 코끼리,
2번 펭귄, 3번 사자.

2번 펭귄!

1 코끼리　　2 펭귄　　3 사자

정답은
2번 펭귄입니다!

우아, 오름이
대단하다!

정말 빠른데!

마지막 문제입니다.
다음 세 구절에 나오는 數字(숫자)를
모두 합치면 얼마일까요?
아기의 백일잔치, 十里(십리)
해수욕장, 千萬(천만) 서울 시민.

千萬(천만)
백십!

正答(정답)은
千萬(천만) 백십입니다!

어쩌면 그렇게 답을
빨리 맞혀?
나는 머릿속이
白紙(백지)처럼 하얀데…

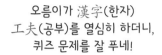

🐻 **만화를 보고, 지금까지 배운 한자를 기억해 보세요.**

1주 | 공부 한자

工 夫 正 敎 育 直 文 字 記 語 問 答

2주 | 색깔/숫자 한자

物 色 靑 白 旗 紙 數 算 十 百 千 萬

1 다음 그림은 지희네 반 교실의 모습입니다. 그림을 보고 물음에 답하세요.

❶ 그림에 나타난 관련 있는 한자의 뜻과 음(소리)을 쓰세요.

- 敎 ➜ (   )
- 育 ➜ (   )

❷ 다음은 지희가 반 친구들을 소개하기 위해 쓴 글입니다. 밑줄 친 말에 해당하는 한자를 찾아 ○표 하세요.

> 　우리 반 친구들은 모두 멋집니다. 민지는 청소를 정말 꼼꼼하게 잘합니다. 효정이는 식물을 좋아해서 우리 반에 있는 식물들을 항상 정성스럽게 돌보고 기릅니다. 지호는 아는 것이 많아 친구들이 모르는 부분을 선생님처럼 잘 가르쳐 줍니다. 그리고 선우는 글씨를 밑줄친 <u>바르게</u> 잘 씁니다.

Tip
'育'의 뜻은 ❶[   ]이고, '正'의 음(소리)은 ❷[   ]입니다.

답 ❶ 기르다 ❷ 정

2 오늘 해야 할 일을 적은 수첩을 보고 다음 물음에 답하세요.

오늘 해야 할 일

☐ <u>공부</u> 일지 기록하기

☐ <u>글자</u> 바르게 쓰는 연습하기

☐ 책 읽기

☐ 인터넷 교육 방송 보기

❶ 오늘 해야 할 일과 관련 있는 한자나 한자어를 쓰세요.

• 공부 ➡ [   ] 夫   • 글자 ➡ [   ]

❷ 수첩 목록에 해야 할 일을 추가하려고 합니다. 밑줄 친 한자어의 음(소리)을 쓰세요.

보기

수업 시간에 틀린 <u>算數</u> 문제 오답 노트 쓰기

➡ (   )

Tip

'工'의 뜻은 ❶ [   ]이고, '算'의 뜻은 ❷ [   ]입니다.

답 ❶ 장인 ❷ 셈하다

색깔 한자

3 다음은 우주가 만든 칠교놀이 작품입니다. 작품을 보고 물음에 답하세요.

❶ ☐ 안에 공통으로 들어갈 알맞은 한자어를 쓰세요.

• 아빠: 칠교놀이를 했나 보네. 모양을 보니 ☐☐들 같구나!

• 엄마: 어머나! 백조, 토끼, 고양이를 아주 잘 만들었네.

• 우주: ☐☐원에 가서 보았던 것을 생각하며 만들었어요!

답 ☐ ☐

❷ 다음 조각의 색과 관련 있는 한자어를 보기 에서 찾아 그 음(소리)을 쓰세요.

보기

白色   靑色   氣色

→ (   )

Tip
'사람을 제외한 짐승, 새, 벌레, 물고기 따위의 생물.'을 ☐☐(이)라고 합니다.

답 동물

4 가게에서 음식을 사 먹으려고 합니다. 다음 물음에 답하세요.

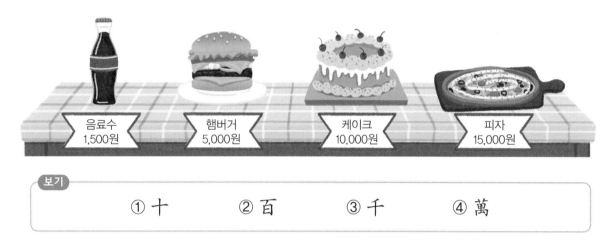

보기

① 十   ② 百   ③ 千   ④ 萬

❶ 다음 두 개의 음식 가격을 계산하여 ☐ 안에 알맞은 숫자 단위 한자를 보기 에서 찾아 그 번호를 쓰세요.

❷ 케이크를 1,000원짜리 지폐로만 계산하려고 합니다. 필요한 지폐의 수를 보기 에서 찾아 쓰세요.

답

Tip
숫자의 단위는 一, 十, ☐, 千, 萬의 순서로 커집니다.

답 百

[문제 01~02] 다음 밑줄 친 漢字語한자어의 讀音(독음: 읽는 소리)을 쓰세요.

秋夕 ➡ 추석

한 마을 골목에서 01**直立** 보행하는 강아지가 발견되었다는 02**記事**를 보았습니다. 하지만 그 일은 강아지를 안고 걸어가는 사람의 모습을 잘못 본 제보자의 실수였습니다.

01 直立 ➡ (   )

02 記事 ➡ (   )

[문제 03~04] 다음 漢字한자의 訓(훈: 뜻)과 音(음: 소리)을 쓰세요.

秋 ➡ 가을 **추**

03 工 ➡ (   )

04 教 ➡ (   )

[문제 05~06] 다음 訓(훈: 뜻)과 音(음: 소리)에 맞는 漢字한자를 보기 에서 찾아 그 번호를 쓰세요.

보기

① 問　　　　② 育

05

기를 육

06

물을 문

[문제 07~08] 다음 밑줄 친 漢字語한자어를 보기 에서 찾아 그 번호를 쓰세요.

보기

① 語文　　　　② 正答

07 우리의 어문을 사랑해야 합니다.

→ (　　　　　)

08 친구가 정답을 알려 주었습니다.

→ (　　　　　)

[문제 09~10] 다음 訓(훈: 뜻)과 音(음: 소리)에 맞는 漢字한자를 보기 에서 찾아 그 번호를 쓰세요.

보기
① 正　② 工　③ 文　④ 字

09 글월 문 → (　　　　　　)

10 글자 자 → (　　　　　　)

[문제 11~12] 다음 漢字한자의 상대 또는 반대되는 漢字한자를 보기 에서 찾아 그 번호를 쓰세요.

보기
① 夏　② 教　③ 問　④ 川

11 答 ↔ (　　　　　　)

12 學 ↔ (　　　　　　)

[문제 13~14] 다음 뜻에 맞는 漢字語한자어를 보기 에서 찾아 그 번호를 쓰세요.

보기

① 文字　② 工夫　③ 育林

13 나무를 심거나 씨를 뿌려 가꾸는 일.
→ (　　　)

14 학문이나 기술을 배우고 익힘.
→ (　　　)

[문제 15~16] 다음 漢字한자의 진하게 표시된 획은 몇 번째 쓰는지 보기 에서 찾아 그 번호를 쓰세요.

보기

① 두 번째　② 세 번째
③ 네 번째　④ 다섯 번째

15 語
(　　　)

16
(　　　)

[문제 01~02] 다음 밑줄 친 漢字語한자어의 讀音(독음: 읽는 소리)을 쓰세요.

漢字 ➡ 한자

사육사가 아기 코끼리를 검진하기 위해 어미와 떼어 놓자, 어미 코끼리는 당황한 모습을 보였습니다. 01動物에게도 부모와 자식간의 사랑은 02千金보다 중요한 것 같습니다.

01 動物 ➡ (   )

02 千金 ➡ (   )

[문제 03~04] 다음 漢字한자의 訓(훈: 뜻)과 音(음: 소리)을 쓰세요.

字 ➡ 글자 자

03 旗 ➡ (   )

04 紙 ➡ (   )

[문제 05~06] 다음 訓(훈: 뜻)과 音(음: 소리)에 맞는 漢字한자를 보기 에서 찾아 그 번호를 쓰세요.

보기

① 白   ② 十

05

흰 백

06

열 십

[문제 07~08] 다음 밑줄 친 漢字語한자어를 보기 에서 찾아 그 번호를 쓰세요.

보기

① 算數   ② 百姓

07 오랜 가뭄 끝에 단비가 내려 백성들이 기뻐하였습니다.

➡ (   )

08 이번 산수 시험은 어려웠습니다.

➡ (   )

[문제 09~10] 다음 訓(훈: 뜻)과 音(음: 소리)에 맞는 漢字한자를 보기 에서 찾아 그 번호를 쓰세요.

보기
① 算   ② 千   ③ 萬   ④ 物

09 일만 만 → (   )

10 물건 물 → (   )

[문제 11~12] 다음 漢字한자의 상대 또는 반대되는 漢字한자를 보기 에서 찾아 그 번호를 쓰세요.

보기
① 水   ② 夫   ③ 物   ④ 女

11 火 ↔ (   )

12 男 ↔ (   )

[문제 13~14] 다음 뜻에 맞는 漢字語한자어를 보기 에서 찾아 그 번호를 쓰세요.

보기
① 靑山　　② 白紙　　③ 國旗

13 아무것도 적지 않은 비어 있는 종이.
→ (　　　　　)

14 풀과 나무가 무성한 푸른 산.
→ (　　　　　)

[문제 15~16] 다음 漢字한자의 진하게 표시된 획은 몇 번째 쓰는지 보기 에서 찾아 그 번호를 쓰세요.

보기
① 첫 번째　　② 두 번째
③ 세 번째　　④ 네 번째

15

(　　　　　)

16

(　　　　　)

교과 학습 한자어 전략

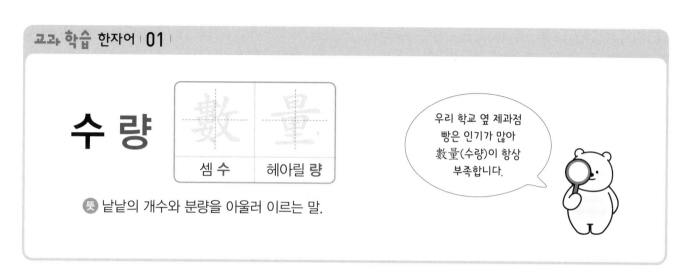

수 량

數	量
셈 수	헤아릴 량

뜻 낱낱의 개수와 분량을 아울러 이르는 말.

> 우리 학교 옆 제과점 빵은 인기가 많아 數量(수량)이 항상 부족합니다.

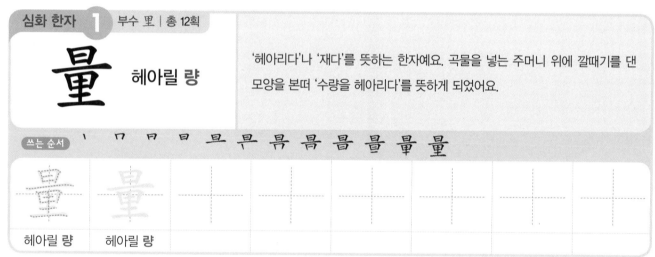

심화 한자 1 부수 里 | 총 12획

量 헤아릴 량

'헤아리다'나 '재다'를 뜻하는 한자예요. 곡물을 넣는 주머니 위에 깔때기를 댄 모양을 본떠 '수량을 헤아리다'를 뜻하게 되었어요.

쓰는 순서 丨 冂 冂 日 旦 昌 昌 昌 昌 量 量 量

量	量				
헤아릴 량	헤아릴 량				

---

1 '數量'의 뜻으로 알맞은 것을 찾아 ○표 하세요.

낱낱의 개수와 분량을 아울러 이르는 말.

수에 관한 학문.

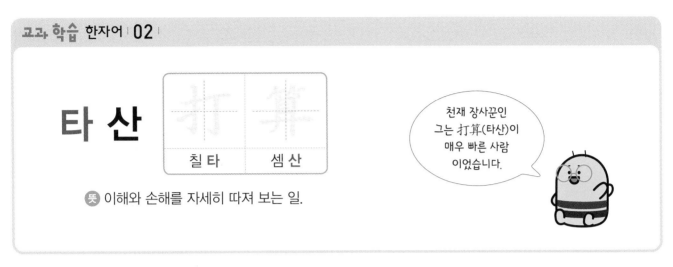

고과 학습 한자어 | 02 |

타 산

칠 타   셈 산

뜻 이해와 손해를 자세히 따져 보는 일.

천재 장사꾼인 그는 打算(타산)이 매우 빠른 사람 이었습니다.

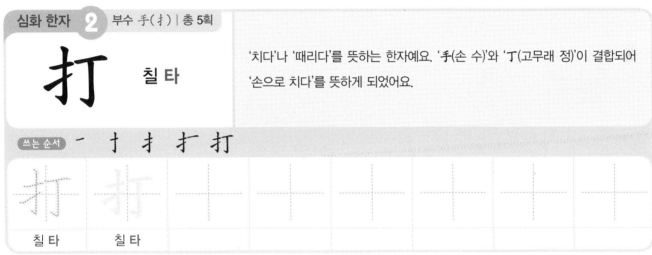

심화 한자 ② 부수 手(扌) | 총 5획

打   칠 타

'치다'나 '때리다'를 뜻하는 한자예요. '手(손 수)'와 'ㅜ(고무래 정)'이 결합되어 '손으로 치다'를 뜻하게 되었어요.

쓰는 순서 一 十 扌 扩 打

칠 타   칠 타

2 다음 뜻에 해당하는 한자어를 찾아 ○표 하세요.

이해와 손해를 자세히 따져 보는 일.

打算

算數

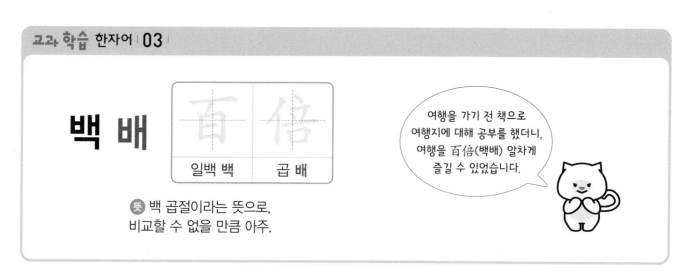

교과 학습 한자어 | 03 |

백 배

百	倍
일백 백	곱 배

뜻 백 곱절이라는 뜻으로, 비교할 수 없을 만큼 아주.

여행을 가기 전 책으로 여행지에 대해 공부를 했더니, 여행을 百倍(백배) 알차게 즐길 수 있었습니다.

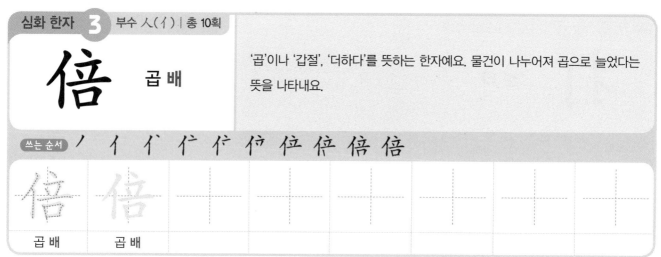

심화 한자 **3** 부수 人(亻) | 총 10획

倍 곱 배

'곱'이나 '갑절', '더하다'를 뜻하는 한자예요. 물건이 나누어져 곱으로 늘었다는 뜻을 나타내요.

쓰는 순서 ノ 亻 亻 亻 仵 伫 倍 倍 倍 倍

倍	倍						
곱 배	곱 배						

---

3 다음 한자어에 해당하는 뜻을 찾아 ○표 하세요.

百倍

백 곱절이라는 뜻으로, 비교할 수 없을 만큼 아주.

천 곱절이라는 뜻으로, 비교할 수 없을 만큼 아주.

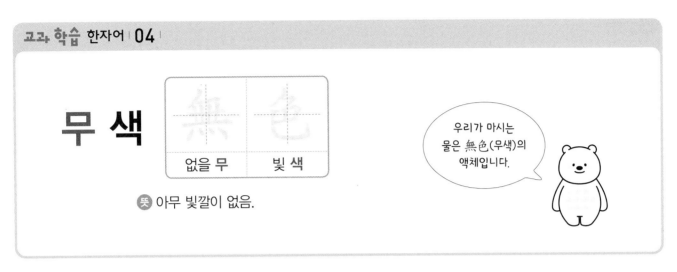

교과 학습 한자어 | 04 |

무 색

| 없을 무 | 빛 색 |

뜻 아무 빛깔이 없음.

우리가 마시는 물은 無色(무색)의 액체입니다.

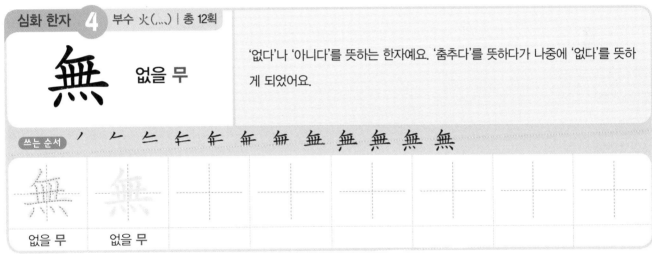

심화 한자 4 부수 火(灬) | 총 12획

無 없을 무

'없다'나 '아니다'를 뜻하는 한자예요. '춤추다'를 뜻하다가 나중에 '없다'를 뜻하게 되었어요.

쓰는 순서 ノ ノ ヒ ケ ケ 缶 缶 無 無 無 無 無

없을 무　없을 무

4 다음 한자어에 해당하는 뜻을 찾아 선으로 이으세요.

無色 ·

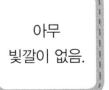
· 아무 빛깔이 없음.

· 요금이 없음.

게티 이미지 뱅크

전편

24쪽, 36쪽   초록 들판

26쪽, 88쪽   봄 배경

34쪽   산에 있는 소나무

84쪽   풍경

후편

34쪽   국어

57쪽   한국 풍경

60쪽   국기 깃발

73쪽   대한민국

83쪽   공부하는 학생들

셔터스톡

전편

24쪽   겨울 풍경(Alexander Erdbeer), 바다 풍경(MAGNIFIER)

25쪽   운동하는 아이들(wonderingmind), 자격증명서(Dim Tik)

26쪽   캠핑(shutter_o)

37쪽   조깅과 자전거(Seita)

49쪽   겨울 설산 풍경(Astira 99)

59쪽   빙상 경기 장면(dotshock)

60쪽   비빔밥(wizdata), 송편(wizdata1)

61쪽   자전거를 타는 가족(Evellean)

68쪽   다양한 한식(norikko)

74쪽   스노보더(Sergey Nivens)

81쪽   칠판(grebeshkovmaxim)

82쪽   같은 풍경의 사계(Hannamariah)

후편

* ( ) 안의 표기는 저작권자명임.

* * 출처 표시를 안 한 사진 및 삽화 등은 발행사에서 저작권을 가지고 있는 경우임.

기초 학습능력 강화 교재

연산이 즐거워지는 공부습관

똑똑한 하루

빅터연산

초등 연산의 빅데이터!
기초 탄탄 연산서
예비초~초2(각 A~D)
초3~6(각 A~B)

뭘 좋아할지 몰라 다 준비했어♥
전과목 교재

전과목 시리즈 교재

●무등생 해법시리즈
- 국어/수학   1~6학년, 학기용
- 사회/과학   3~6학년, 학기용
- 봄·여름/가을·겨울   1~2학년, 학기용
- SET(전과목/국수, 국사과)   1~6학년, 학기용

●똑똑한 하루 시리즈
- 똑똑한 하루 독해   예비초~6학년, 총 14권
- 똑똑한 하루 글쓰기   예비초~6학년, 총 14권
- 똑똑한 하루 어휘   예비초~6학년, 총 14권
- 똑똑한 하루 한자   예비초~6학년, 총 14권
- 똑똑한 하루 수학   1~6학년, 학기용
- 똑똑한 하루 계산   예비초~6학년, 총 14권
- 똑똑한 하루 도형   예비초~6학년, 총 8권
- 똑똑한 하루 사고력   1~6학년, 학기용
- 똑똑한 하루 사회/과학   3~6학년, 학기용
- 똑똑한 하루 봄/여름/가을/겨울   1~2학년, 총 8권
- 똑똑한 하루 안전   1~2학년, 총 2권
- 똑똑한 하루 Voca   3~6학년, 학기용
- 똑똑한 하루 Reading   초3~초6, 학기용
- 똑똑한 하루 Grammar   초3~초6, 학기용
- 똑똑한 하루 Phonics   예비초~초등, 총 8권

●독해가 힘이다 시리즈
- 초등 문해력 독해가 힘이다 비문학편   3~6학년
- 초등 수학도 독해가 힘이다   1~6학년, 학기용
- 초등 문해력 독해가 힘이다 문장제수학편   1~6학년, 총 12권

영어 교재

●초등영어 교과서 시리즈
- 파닉스(1~4단계)   3~6학년, 학년용
- 영단어(1~4단계)   3~6학년, 학년용

●LOOK BOOK 영단어   3~6학년, 단행본

●원서 읽는 LOOK BOOK 영단어   3~6학년, 단행본

국가수준 시험 대비 교재

●해법 기초학력 진단평가 문제집   2~6학년·중1 신입생, 총 6권

급수 한자 필수 학습!
탄탄하게 다져두자!

한자
전략

급수 한자

정답과 부록

3단계 **A**

7급 ①

모르는 문제는
확실하게
알고 가자!

정답과 부록

3단계 A 7급 ①

정답

급수 한자 돌파 전략 ❶ 한자 기초 확인　13, 15쪽

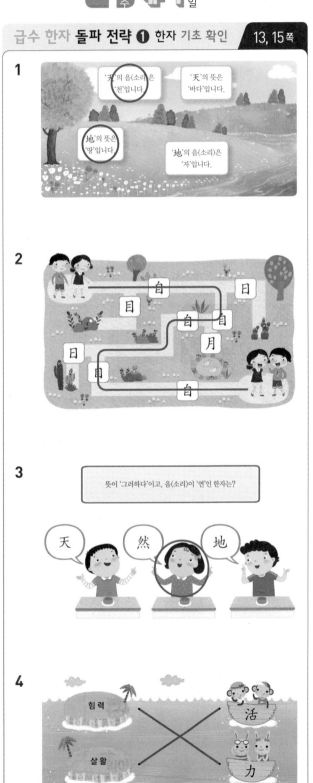

1
- '天'의 음(소리)은 '천'입니다. (○)
- '天'의 뜻은 '바다'입니다.
- '地'의 뜻은 '땅'입니다. (○)
- '地'의 음(소리)은 '자'입니다.

2

3
뜻이 '그러하다'이고, 음(소리)이 '연'인 한자는?
天　然　地

4
힘 력 — 力
살 활 — 活

급수 한자 돌파 전략 ❷　16~17쪽

1
天 ── 하늘　지
地 ── 땅　천

2
- '自'의 뜻과 음(소리)은 '흰 백'입니다.　예 / 아니요 (○)
- '力'의 뜻과 음(소리)은 '힘 력'입니다.　예 (○) / 아니요

3
살다 → ☑活　□自
그러하다 → □川　☑然

4
스스로 청소하는 습관을 들여야 합니다.　自

5
然 그럴 연　力 힘 력

6
동물원에서 기린 가족이 생活하는 모습을 보았습니다.　활 (○)　자

2　한자 전략

급수 한자 **돌파 전략 ①** 한자 기초 확인 | 19, 21쪽

1

林 → 수풀 / 꽃

草 → 강 / 풀

2

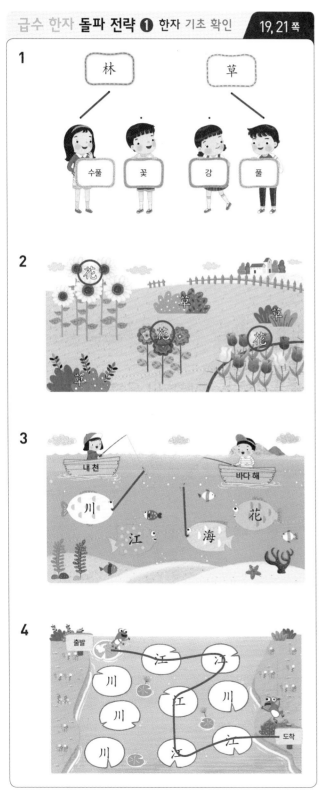

3

4

급수 한자 **돌파 전략 ②** | 22~23쪽

1

林 수풀 □을/를 뜻하고, □(이)라고 읽습니다. 림

海 바다 □을/를 뜻하고, □(이)라고 읽습니다. 해

2

草 나무 목 / **풀 초**

花 **꽃 화** / 수풀 림

3

봄을 재촉하는 비가 내려 초목을 적셨습니다.

→ (초)

4

'江'은 '강'을 뜻하고, '강'이라고 읽습니다. 예 / 아니요

5

천 ☑川 □江 □海

6

林 / 花 / 川

꽃 화 / 수풀 림 / 내 천

급수 한자어 대표 전략 ❷ | 28~29쪽

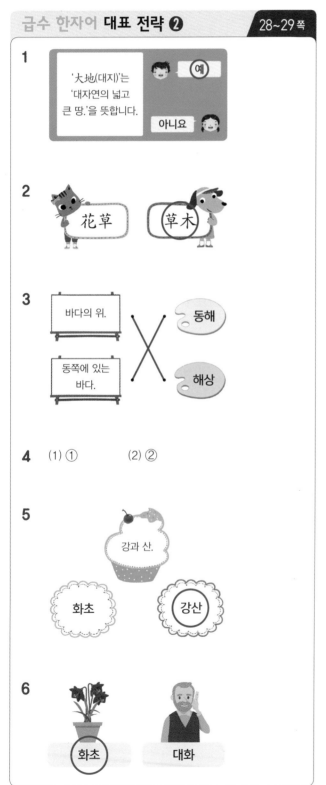

1 '大地(대지)'는 '대자연의 넓고 큰 땅.'을 뜻합니다. → 예

2 花草, 草木

3 바다의 위. → 해상
동쪽에 있는 바다. → 동해

4 (1) ① (2) ②

5 강과 산. → 강산
화초

6 화초

급수 한자어 대표 전략 ❷ | 28~29쪽

7

❶천	지		
하			❸천
		❷자	연
	❸활	력	

급수 시험 체크 전략 ❶ | 30~33쪽

필수 예제 01
(1) 자연 (2) 산천 (3) 동해

필수 예제 02
(1) 땅 지 (2) 그럴 연 (3) 내 천

필수 예제 03
(1) ④ (2) ① (3) ③

필수 예제 04
(1) ② (2) ① (3) ③

급수 시험 **체크 전략 ❷** `34~35쪽`

1 대지

2 해상

3 수풀 림

4 풀 초

5 ①

6 ②

7 ②

누구나 **만점 전략** `36~37쪽`

01 ①

02 (1) 그럴 연 　　(2) 내 천

03 自 然

04 천연

05 林 　　　**06** ③

07 ② 　　　**08** ③

09 활력 　　　**10** ②

창의·융합·코딩 **전략 ❶** `38~39쪽`

1 쓰레기 버리지 않기, 야생 동물의 영역 침범하지 않기 등

2 산에서 불 사용하지 않기, 산림과 가까운 곳에서는 허가 없이 쓰레기를 태우지 않기, 입산 통제 구역, 통행 제한 등산로에는 출입하지 않기 등

창의·융합·코딩 **전략 ❷** `40~43쪽`

1 해상

2

참	문제	거짓
5	'天'은 '땅'을 뜻한다.	③
⑨	'그러하다'를 나타내는 한자는 '然'이다.	5
⑦	'自'의 뜻은 '스스로', 음(소리)은 '자'이다.	8
4	'지구'는 '사람이 살고 있는 땅.'으로 '땅'을 한자로 나타내면 '力'이다.	⑨
③	'활력(活力)'은 '살아 움직이는 힘.'이라는 뜻이다.	4

→ (　7　)

3 天 地

4 ㉠ 초목 　　　㉡ 자연

5

6 海

7

보기

* 한자어의 음(소리)
→ (화초)

☐ 강과 산.

✔ 꽃이 피는 풀과 나무.

8 ㉠ 강 　　　㉡ 해

2주 04일

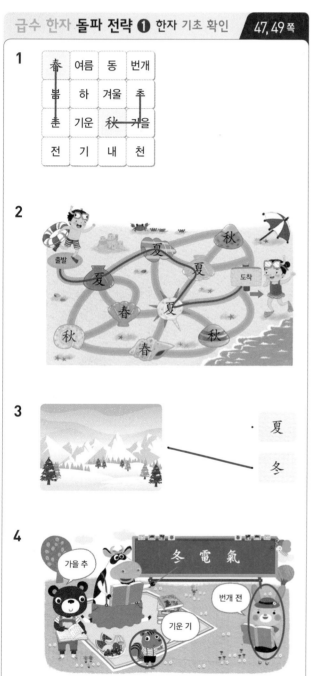

급수 한자 **돌파 전략 ①** 한자 기초 확인 53, 55쪽

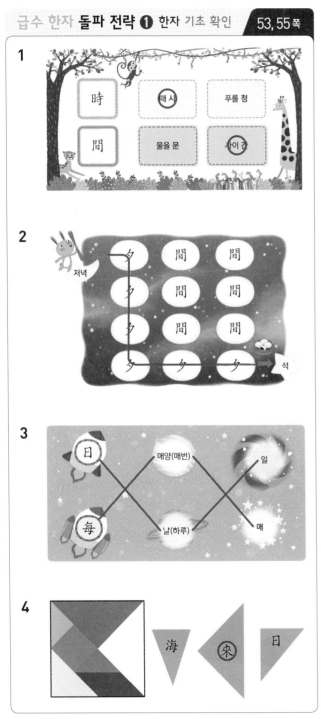

급수 한자 **돌파 전략 ②** 56~57쪽

주 03일

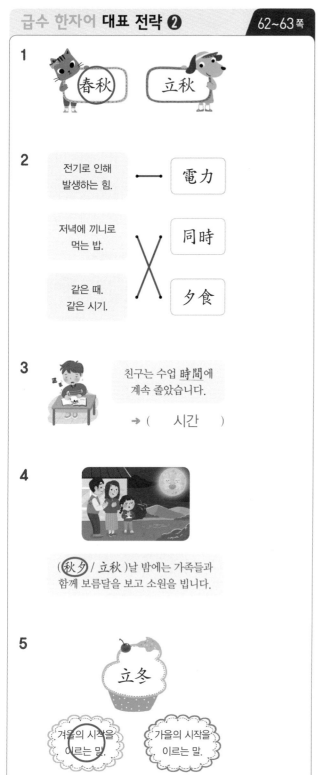

1

春秋 | 立秋

2

전기로 인해 발생하는 힘. —— 電力

저녁에 끼니로 먹는 밥. ✕ 同時

같은 때. 같은 시기. 夕食

3

친구는 수업 **時間**에 계속 졸았습니다.

→ (시간)

4

(秋夕 / 立秋)날 밤에는 가족들과 함께 보름달을 보고 소원을 빕니다.

5

立冬

겨울의 시작을 이르는 말. | 가을의 시작을 이르는 말.

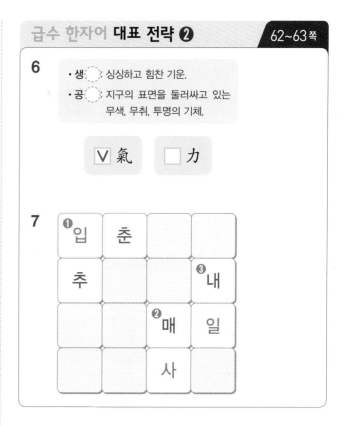

6
- 생◯: 싱싱하고 힘찬 기운.
- 공◯: 지구의 표면을 둘러싸고 있는 무색, 무취, 투명의 기체.

☑ 氣　　□ 力

7

❶입	춘		
추			❸내
		❷매	일
		사	

주 04일

필수 예제 01
(1) 동시　　(2) 생기　　(3) 춘추

필수 예제 02
(1) 봄 춘　　(2) 가을 추　　(3) 겨울 동

필수 예제 03
(1) ②　　(2) ①　　(3) ③

필수 예제 04
(1) ②　　(2) ④　　(3) ①

급수 시험 체크 전략 ❷   68~69쪽

1 석식

2 내일

3 기운 기

4 여름 하

5 ④

6 ②

7 ①

누구나 만점 전략   70~71쪽

01 秋

02 (1) 때 시   (2) 사이 간

03 立 冬

04 입추

05 ☑ 氣   ☐ 日

06 ③   07 ②

08 ①   09 ②

10 ③

창의·융합·코딩 전략 ❶   72~73쪽

1 입하

2 24

창의·융합·코딩 전략 ❷   74~77쪽

1
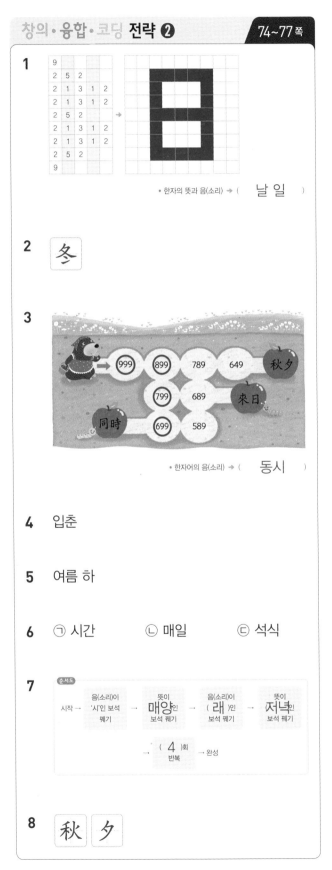

• 한자의 뜻과 음(소리) → (날 일)

2 冬

3

• 한자어의 음(소리) → (동시)

4 입춘

5 여름 하

6 ㉠ 시간   ㉡ 매일   ㉢ 석식

7
순서도

시작 → 음(소리)이 '시'인 보석 폐기 → 뜻이 **매양**인 보석 폐기 → 음(소리)이 (래)인 보석 폐기 → 뜻이 **저녁**인 보석 폐기 → (4)회 반복 → 완성

8 秋 夕

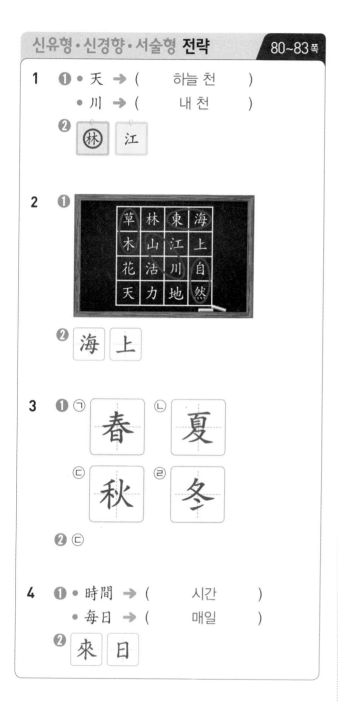

신유형·신경향·서술형 전략 · 80~83쪽

1 ❶ • 天 ➡ (하늘 천)
 • 川 ➡ (내 천)
 ❷ ㉥林 江

2 ❶ [흑판: 草 林 東 海 / 木 山 江 上 / 花 活 川 自 / 天 力 地 然]
 ❷ 海 上

3 ❶ ㉠ 春 ㉡ 夏 ㉢ 秋 ㉣ 冬
 ❷ ㉢

4 ❶ • 時間 ➡ (시간)
 • 每日 ➡ (매일)
 ❷ 來 日

적중 예상 전략 1회 · 84~87쪽

01 산림
02 화초
03 하늘 천
04 스스로 자
05 ②
06 ①
07 ①
08 ②
09 ④
10 ①
11 ①
12 ③
13 ②
14 ①
15 ④
16 ③

적중 예상 전략 2회   88~91쪽

01   입춘

02   생기

03   저녁 석

04   올 래

05   ②

06   ①

07   ①

08   ②

09   ④

10   ①

11   ②

12   ①

13   ①

14   ③

15   ④

16   ③

교과 학습 한자어 전략   92~95쪽

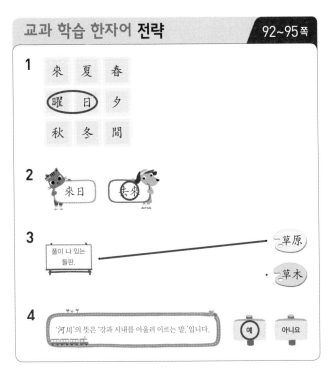

1

來	夏	春
曜	日	夕
秋	冬	間

2

3 풀이 나 있는 들판. — 草原 · 草木

4 '河川'의 뜻은 '강과 시내를 아울러 이르는 말.'입니다.   예   아니요

급수 한자 **돌파 전략 ❶** 한자 기초 확인   11, 13쪽

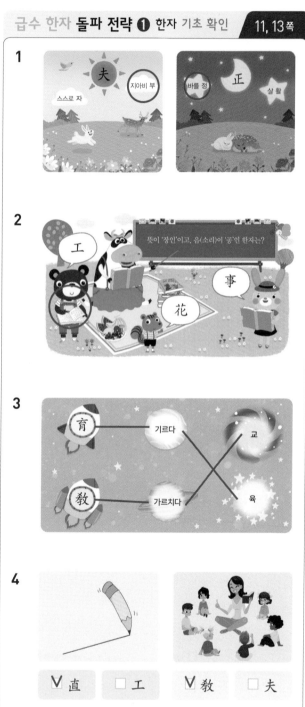

급수 한자 **돌파 전략 ❷**   14~15쪽

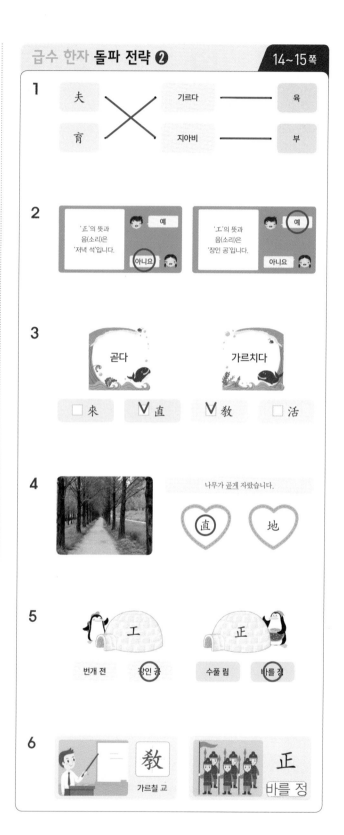

1주 02일

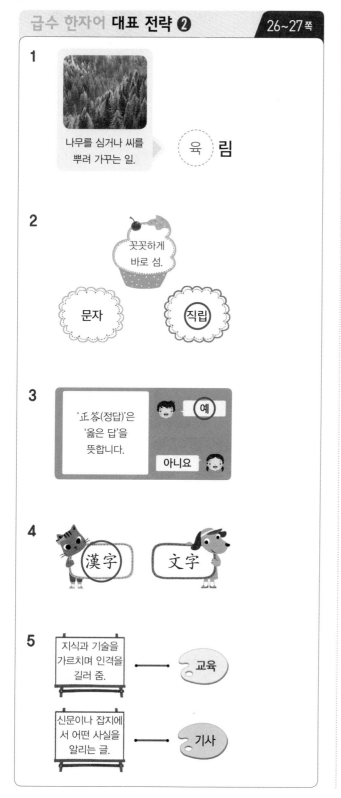

급수 한자어 대표 전략 ❷ 26~27쪽

1 나무를 심거나 씨를 뿌려 가꾸는 일. ▶ (육) 림

2 꼿꼿하게 바로 섬. → 문자 / 직립

3 '正答(정답)'은 '옳은 답'을 뜻합니다. 예 / 아니요

4 漢字 / 文字

5
- 지식과 기술을 가르치며 인격을 길러 줌. ── 교육
- 신문이나 잡지에서 어떤 사실을 알리는 글. ── 기사

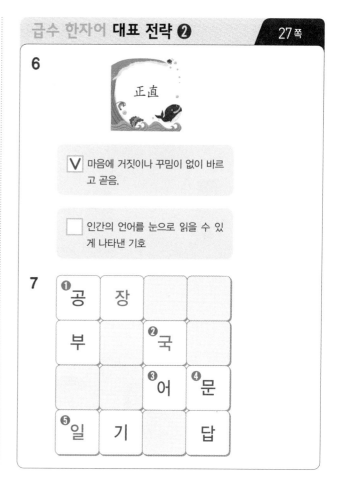

급수 한자어 대표 전략 ❷ 27쪽

6 正直

- [V] 마음에 거짓이나 꾸밈이 없이 바르고 곧음.
- [ ] 인간의 언어를 눈으로 읽을 수 있게 나타낸 기호

7

❶공	장		
부	❷국		
	❸어	❹문	
❺일	기		답

급수 시험 체크 전략 ❶ 28~31쪽

필수 예제 01
(1) 육림 (2) 교육 (3) 기사

필수 예제 02
(1) 지아비 부 (2) 말씀 어 (3) 대답 답

필수 예제 03
(1) ② (2) ① (3) ④

필수 예제 04
(1) ③ (2) ① (3) ②

급수 시험 체크 전략 ❷   32~33쪽

1 직립

2 문답

3 기록할 기

4 가르칠 교

5 ③

6 ②

7 ④

누구나 만점 전략   34~35쪽

01 正   (語)

02 ①

03 ⑴ 글자 자   ⑵ 글월 문

04 ①

05 ③

06 일기

07 ③

08 [V] 육림   [ ] 육지

09 ②

10 ③

창의·융합·코딩 전략 ❶   36~37쪽

1 딴 생각을 하지 않고 열심히 공부하기, 모르는 것이 있으면 정직하게 손을 들고 선생님께 여쭤보기, 선생님이 수업 시간에 하신 말씀 기록하기, 허리를 곧게 펴고 앉기 등

2 픽토그램

창의·융합·코딩 전략 ❷   38~39쪽

1 어문

2

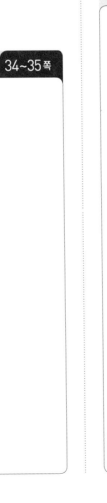

3 ○ ◇ ■ ▲

4 ㉠ 직   ㉡ 정

창의·융합·코딩 전략 ❷ 40~41쪽

5 ③

6
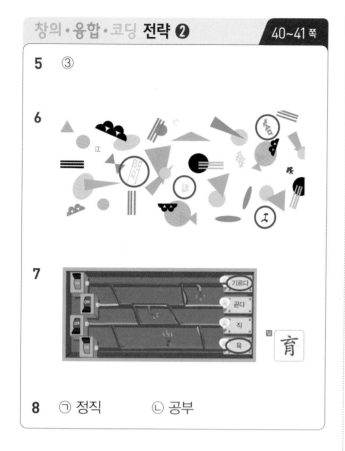

7
기르다
곧다
직
육

답 育

8 ㉠ 정직   ㉡ 공부

2주 01일

급수 한자 돌파 전략 ❶ 한자 기초 확인 45, 47쪽

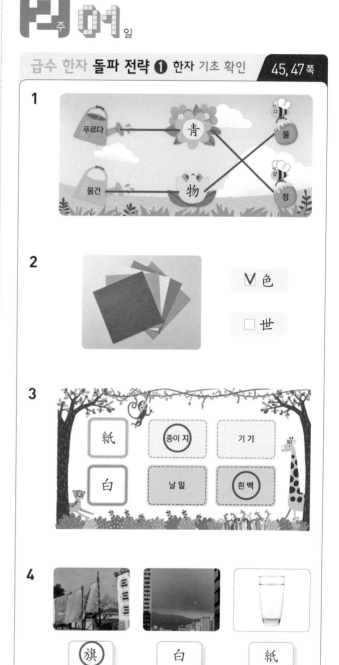

1
푸르다 — 青 — 청
물건 — 物 — 물

2
☑ 色
☐ 世

3
紙 — 종이 지 — 기 기
白 — 날 일 — 흰 백

4
旗   白   紙

급수 한자 **돌파 전략 ❷**　48~49쪽

1

'畵'의 뜻과 음(소리)은 '살 활'입니다. → ⭕예 / (아니요)

'色'의 뜻과 음(소리)은 '빛 색'입니다. → (예) / 아니요

2

푸르다 / 청 / 青 　(⭕)

紙 / 번개 / 전 　(✕)

3

旗 / 物

☑ 기 기　☐ 때 시　☑ 물건 물　☐ 이름 명

4

紙 ─── 종이 · ─ 가

· 집 · ─ 지

5

사용한 **물건**은 제자리에 두어야 합니다.

🧡 物　🤍 內

6

色 빛 색　青 푸를 청

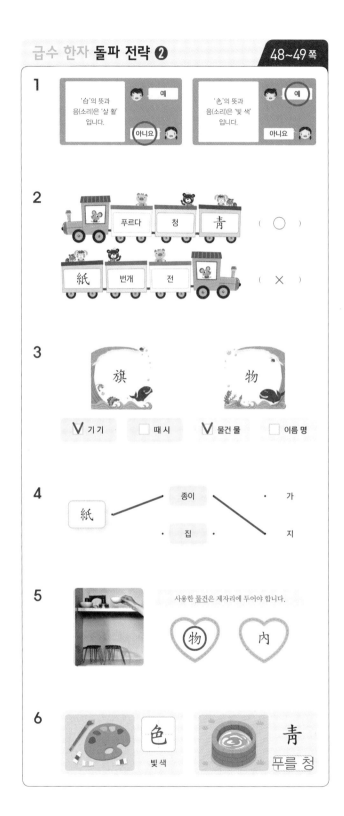

2주 02일

급수 한자 **돌파 전략 ❶** 한자 기초 확인　51, 53쪽

1

數 — 셈 수 / 물을 문

算 — 글월 문 / 셈 산

2

平 / 天 / 大 / 上

3

百 / 萬

스스로 자 / 일백 백 / 미당 장 / 일만 만

4

일천 천 ─ 千

일만 만 ─ 萬

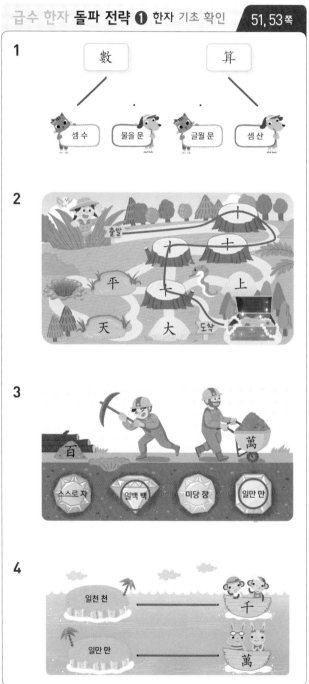

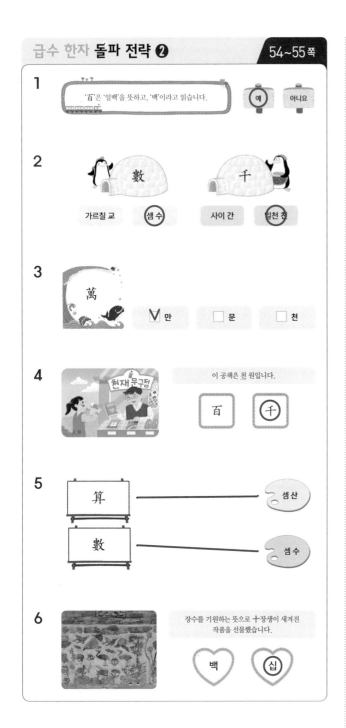

급수 한자 돌파 전략 ❷ 54~55쪽

1 '百'은 '일백'을 뜻하고, '백'이라고 읽습니다. **(예)** 아니요

2 數 — 가르칠 교 · **(셈 수)** / 千 — 사이 간 · **(일천 천)**

3 萬 — ☑ 만 · ☐ 문 · ☐ 천

4 이 공책은 천 원입니다. — 百 · **(千)**

5 算 —— 셈산
　 數 —— 셈수

6 장수를 기원하는 뜻으로 十장생이 새겨진 작품을 선물했습니다. — 백 · **(십)**

2주 03일

급수 한자어 대표 전략 ❷ 60~61쪽

1 나라를 상징하는 기. ▶ 국 **기**

2 '十里(십리)'는 '세상에 있는 모든 것.'을 뜻합니다. — 예 · **(아니요)**

3 많은 돈이나 비싼 값을 비유적으로 이르는 말. / 아무것도 적지 않은 비어 있는 종이.

4 **(算數)** · 白紙

5 풀과 나무가 무성한 푸른 산. — 白紙 · **(青山)**

6 수를 나타내는 글자. —— 數字
　 만의 천 배가 되는 수. —— 千萬

급수 한자어 대표 전략 ❷　　61쪽

7

❶백	방		❺만
성		❹동	물
	❸청		
❷기	색		

급수 시험 체크 전략 ❶　　62~65쪽

필수 예제 01
(1) 동물　　(2) 천금　　(3) 기색

필수 예제 02
(1) 셈 산　　(2) 물건 물　　(3) 푸를 청

필수 예제 03
(1) ③　　(2) ①　　(3) ②

필수 예제 04
(1) ④　　(2) ③　　(3) ①

급수 시험 체크 전략 ❷　　66~67쪽

1 백지

2 만물

3 일천 천

4 ③　　　　　　**5** ②

6 ④　　　　　　**7** ①

누구나 만점 전략　　68~69쪽

01 (1) 종이 지　　(2) 흰 백

02 旗

03 ①

04 □ 白色　　Ⅴ 靑色

05 ②

06 十 里

07 (1) ③　　(2) ②

08 천금

09 ②　　　　　　**10** ①

창의·융합·코딩 전략 ❶　　70~71쪽

1 보기
靑色　　노란색　　빨간색　　白色

2 千

창의·융합·코딩 전략 ❷ 72~74쪽

1

2

신비한 옥색에 아름다운 그림이 그려져 있는 靑자!
고고하고 기품이 넘치는 白자!
우리나라의 대표적인 도자기 유물을 소개합니다!

3

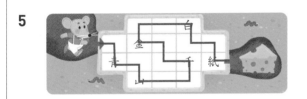

문제

靑 色
(청색)

4

旗

5

6 천만

7

🍇 → 數 字   🫐 → 氣 色

8 ㄴ

신유형·신경향·서술형 전략 78~81쪽

1 ❶ • 教 → (가르칠 교)
　　• 育 → (기를 육)
　❷ 正 語

2 ❶ • 공부 → 工 夫 • 글자 → 字
　❷ 산수

3 ❶ 動 物
　❷ 청색

4 ❶ 육 ③ 오 ② 원
　❷ 十

적중 예상 전략 1회 82~85쪽

01 직립

02 기사

03 장인 공

04 가르칠 교

05 ②

06 ①

07 ①

08 ②

09 ③

10 ④

11 ③

12 ②

13 ③

14 ②

15 ④

16 ②

14 ①

15 ①

16 ③

적중 예상 전략 2회
86~89쪽

01 동물

02 천금

03 기 기

04 종이 지

05 ①

06 ②

07 ②

08 ①

09 ③

10 ④

11 ①

12 ④

13 ②

교과 학습 한자어 전략
90~93쪽

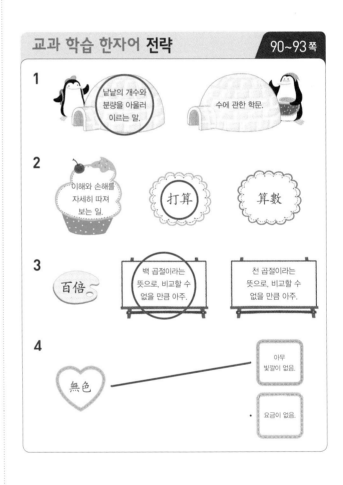

1 낱낱의 개수와 분량을 아울러 이르는 말.
수에 관한 학문.

2 이해와 손해를 자세히 따져 보는 일.
打算
算數

3 百倍
백 곱절이라는 뜻으로, 비교할 수 없을 만큼 아주.
천 곱절이라는 뜻으로, 비교할 수 없을 만큼 아주.

4 無色
아무 빛깔이 없음.
· 요금이 없음.

한자의 필순 알아보기

한자를 쓸 때는 지켜야 할 규칙이 있어요. 예로부터 한자를 쓸 때는 붓을 사용해 왔어요. 붓을 한 번 그은 선이나 점을 바로 획이라고 부르지요.

한자를 이루고 있는 획을 쓸 때 지키기로 약속한 순서가 바로 한자의 필순이에요.

위에서 아래로 써요.

丿　川　川

왼쪽에서 오른쪽으로 써요.

一　二　三

가로획과 세로획이 만날 때는 가로획을 먼저 써요.

一　十

좌우의 모양이 같을 때는 가운데를 먼저 써요.

亅　小　小

안쪽과 바깥쪽이 있을 때는 바깥쪽을 먼저 써요.

丨　冂　冈　四　四

글자 전체를 꿰뚫는 획은 나중에 써요.

丨　冂　口　中

삐침과 파임이 만날 때는 삐침을 먼저 써요.

丿　人

오른쪽 위의 점은 맨 나중에 써요.

一　二　弌　弍　式　式

받침은 맨 나중에 써요.

丿　厂　斥　斤　斤　沂　沂　近

부수는 한자를 모양대로 정리했을 때, 공통이 되는 부분을 말해요. 한자의 부수는 한자에서 놓이는 위치에 따라 각기 다른 이름으로 불려요.

변: 글자의 왼쪽 부분. 예 晴

방: 글자의 오른쪽 부분. 예 形

머리: 글자의 윗부분. 예 花

발: 글자의 아랫 부분. 예 熱

받침: 글자의 왼쪽과 아래를 싸는 부분. 예 道

엄: 글자의 왼쪽과 윗 부분. 예 序

몸: 글자의 위와 왼쪽을 싸는 부분. 예 國, 問

제부수 : 글자 자체가 부수인 것. 예 日

| 家 집가
부수 宀 \| 총 10획 | `丶 丶 亠 宀 宀 宇 宇 家 家 家`
家 家 | | | | |

| 歌 노래 가
부수 欠 \| 총 14획 | `一 丆 亓 哥 哥 哥 哥 哥 哥 哥 歌 歌 歌`
歌 歌 | | | | |

| 間 사이 간
부수 門 \| 총 12획 | `丨 冂 冂 冃 冃 門 門 門 門 問 問 間`
間 間 | | | | |

| 江 강 강
부수 水(氵) \| 총 6획 | `丶 丶 氵 氵 江 江`
江 江 | | | | |

| 車 수레 거 \|
수레 차
부수 車 \| 총 7획 | `一 厂 厅 百 百 亘 車`
車 車 | | | | |

| 空 빌 공
부수 穴 \| 총 8획 | `丶 丶 宀 宀 穴 空 空 空`
空 空 | | | | |

工	장인 공	一 丁 工
부수 工 | 총 3획		工　工

敎	가르칠 교	ノ メ 乄 孝 耂 孝 差 差 敎 敎 敎
부수 攵(攴) | 총 11획		敎　敎

校	학교 교	一 十 才 木 术 衤 衤 朽 校 校
부수 木 | 총 10획		校　校

九	아홉 구	ノ 九
부수 乙(乚) | 총 2획		九　九

口	입 구	丨 冂 口
부수 口 | 총 3획		口　口

國	나라 국	丨 冂 冂 冂 同 同 同 国 國 國 國
부수 囗 | 총 11획		國　國

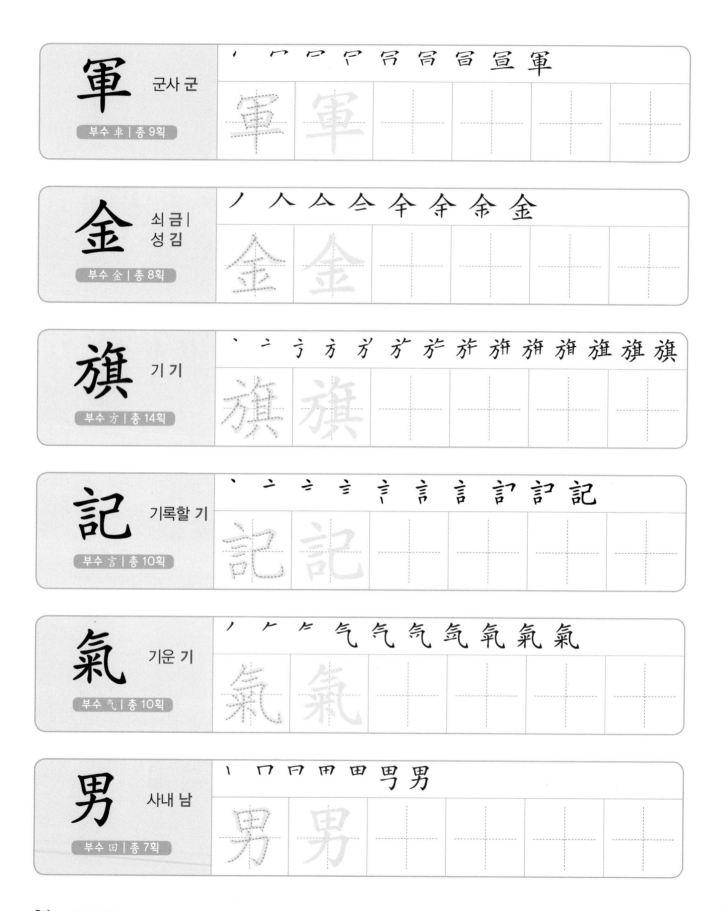

軍 군사 군
부수 車 | 총 9획
` ⼁ ⼌ ⼌ ⼌ 写 写 軍 軍

金 쇠 금 |
성 김
부수 金 | 총 8획
丿 ⼈ ⼛ 今 今 全 金 金

旗 기 기
부수 方 | 총 14획
` ⼀ ⼆ 方 方 方 扩 扩 扩 扩 旃 旗 旗

記 기록할 기
부수 言 | 총 10획
` ⼀ ⼆ ⼆ 言 言 言 記 記 記

氣 기운 기
부수 气 | 총 10획
丿 ⼁ ⼁ 气 气 气 气 気 氣 氣

男 사내 남
부수 田 | 총 7획
⼁ ⼌ ⼞ 日 田 男 男

南 남녘 남 부수 十 | 총 9획	一 十 十 内 内 南 南 南 南
内 안 내 부수 入 | 총 4획	丨 冂 冈 内
女 여자 녀 부수 女 | 총 3획	乀 女 女
年 해 년 부수 干 | 총 6획	丿 𠂉 𠂉 仁 午 年
農 농사 농 부수 辰 | 총 13획	丶 冂 曰 内 曲 曲 曲 芇 芇 芇 農 農 農
答 대답 답 부수 竹(⺮) | 총 12획	丿 𠂉 乍 竹 竹 竹 竺 竺 笁 筌 答 答

大 큰 대 부수 大 | 총 3획	一 ナ 大
道 길 도 부수 辵(辶) | 총 13획	丶 丷 丷 丷 丷 丷 首 首 首 首 道 道 道
冬 겨울 동 부수 冫 | 총 5획	丿 ク 夂 冬 冬
洞 골 동| 밝을 통 부수 水(氵) | 총 9획	丶 丶 氵 氵 汩 泂 洞 洞 洞
東 동녘 동 부수 木 | 총 8획	一 厂 戸 币 亘 車 東 東
動 움직일 동 부수 力 | 총 11획	丶 一 一 ← 台 台 台 重 重 動 動

| 同 | 한가지 동 | 丨 冂 冂 冋 同 同 |
| 부수 口 \| 총 6획 | | |

| 登 | 오를 등 | 癶 癶 癶 癶 癶 癶 癶 癶 癶 癶 登 |
| 부수 癶 \| 총 12획 | | |

| 來 | 올 래 | 一 一 一 一 一 来 來 來 |
| 부수 人 \| 총 8획 | | |

| 力 | 힘 력 | フ 力 |
| 부수 力 \| 총 2획 | | |

| 老 | 늙을 로 | 一 十 土 尹 尹 老 |
| 부수 老 \| 총 6획 | | |

| 六 | 여섯 륙 | 丶 一 六 六 |
| 부수 八 \| 총 4획 | | |

里 마을 리 부수 里 | 총 7획	ㅣ 冂 冂 曰 旦 甲 里
	里 里

林 수풀 림 부수 木 | 총 8획	一 十 才 木 朾 朾 材 林
	林 林

立 설 립 부수 立 | 총 5획	、 ㅗ ㅗ 寸 立
	立 立

萬 일만 만 부수 艸(艹) | 총 13획	一 十 卄 芍 芍 芍 苜 苜 莒 萬 萬 萬
	萬 萬

每 매양 매 부수 毋 | 총 7획	ノ ㅗ 仁 与 每 每 每
	每 每

面 낯 면 부수 面 | 총 9획	一 ㄱ 厂 厅 而 面 面 面 面
	面 面

命 목숨 명
부수 口 | 총 8획
ノ 人 ム 仝 命 命 命 命

名 이름 명
부수 口 | 총 6획
ノ ク タ タ 名 名

母 어머니 모
부수 母 | 총 5획
ㄴ ㄴ 日 母 母

木 나무 목
부수 木 | 총 4획
一 十 才 木

文 글월 문
부수 文 | 총 4획
丶 ㅗ ㅜ 文

門 문 문
부수 門 | 총 8획
ㅣ ㄇ ㄐ ㅔ ㅕ �門 門 門 門

| 問 물을 문
부수 門 \| 총 11획 | 丨 冂 冂 冃 冃 門 門 門 問 問 問
問 問 | | | | | |

| 物 물건 물
부수 牛 \| 총 8획 | ノ ＾ ＾ 牛 牛 牛 物 物
物 物 | | | | | |

| 民 백성 민
부수 民 \| 총 5획 | ㄱ ㄱ ㄹ 尼 民
民 民 | | | | | |

| 方 모 방
부수 方 \| 총 4획 | 丶 一 方 方
方 方 | | | | | |

| 百 일백 백
부수 白 \| 총 6획 | 一 ㄱ 丆 丆 百 百
百 百 | | | | | |

| 白 흰 백
부수 白 \| 총 5획 | ノ ＾ 白 白 白
白 白 | | | | | |

夫 지아비 부
부수 大 | 총 4획
一 二 夫 夫

父 아버지 부
부수 父 | 총 4획
丶 ハ グ 父

北 북녘 북 |
달아날 배
부수 匕 | 총 5획
丨 丨 刂 北 北

不 아닐 불
부수 不 | 총 4획
一 ア 不 不

四 넉 사
부수 囗 | 총 5획
丨 冂 冂 四 四

事 일 사
부수 丨 | 총 8획
一 一 一 一 写 写 写 事

| 算 셈 산
부수 竹(⺮) \| 총 14획 | ノ ⺮ ⺮ ⺮ ⺮ ⺮ ⺮ ⺮ 笪 笪 筲 筲 算 算
算 算 | | | | | | |

| 山 메 산
부수 山 \| 총 3획 | ㅣ 山 山
山 山 | | | | | | |

| 三 석 삼
부수 一 \| 총 3획 | 一 二 三
三 三 | | | | | | |

| 上 윗 상
부수 一 \| 총 3획 | ㅣ ㅏ 上
上 上 | | | | | | |

| 色 빛 색
부수 色 \| 총 6획 | ノ ⺈ ⺈ 刍 多 色
色 色 | | | | | | |

| 生 날 생
부수 生 \| 총 5획 | ノ ⺧ ⺧ 牛 生
生 生 | | | | | | |

| 西 | 서녘 서 |
| 부수 襾 \| 총 6획 |

一 厂 厂 丙 丙 西 西

| 夕 | 저녁 석 |
| 부수 夕 \| 총 3획 |

丿 ク 夕

| 先 | 먼저 선 |
| 부수 儿 \| 총 6획 |

丿 丿 生 生 先 先

| 姓 | 성 성 |
| 부수 女 \| 총 8획 |

く 夕 女 女 妡 姈 姓 姓

| 世 | 인간 세 |
| 부수 一 \| 총 5획 |

一 十 廿 世 世

| 所 | 바 소 |
| 부수 戶 \| 총 8획 |

丶 亐 亐 戶 戶 所 所 所

小 작을 소 부수 小 | 총 3획	ㅣ �995 小
少 적을 소 부수 小 | 총 4획	ㅣ �95 小 少
手 손 수 부수 手 | 총 4획	㇒ ㆍ 二 三 手
數 셈 수 부수 攵(攴) | 총 15획	�丶 ㅁ 口 罒 严 串 串 曲 婁 婁 婁 數 數 數 數
水 물 수 부수 水 | 총 4획	ㅣ 刀 水 水
時 때 시 부수 日 | 총 10획	ㅣ 冂 月 日 日ˊ 日ㅏ 旷 眹 時 時

| 市 | 저자 시 | `丶 一 宀 亓 市` |
| 부수 巾 \| 총 5획 | | |

| 食 | 밥 /
먹을 식 | `丿 人 人 今 今 食 食 食 食` |
| 부수 食 \| 총 9획 | | |

| 植 | 심을 식 | `一 十 才 木 木 杧 杧 柿 柿 植 植 植` |
| 부수 木 \| 총 12획 | | |

| 室 | 집 실 | `丶 丷 宀 宀 宏 宏 宕 室 室` |
| 부수 宀 \| 총 9획 | | |

| 心 | 마음 심 | `丶 心 心 心` |
| 부수 心 \| 총 4획 | | |

| 十 | 열 십 | `一 十` |
| 부수 十 \| 총 2획 | | |

安	편안 안	` ` ` 宀 宊 安 安
부수 宀 | 총 6획		安 安

語	말씀 어	` ` ` 二 亖 言 言 言 言 訂 評 評 評 語 語
부수 言 | 총 14획		語 語

然	그럴 연	ノ ク タ タ 夕 夕 妖 妖 妖 然 然 然
부수 火(灬) | 총 12획		然 然

午	낮 오	` ` 午 午
부수 十 | 총 4획		午 午

五	다섯 오	一 丁 五 五
부수 二 | 총 4획		五 五

王	임금 왕	一 二 干 王
부수 玉(王) | 총 4획		王 王

外 바깥 외
丿 ク ㄅ 夕 列 外
부수 夕 | 총 5획

右 오를 / 오른(쪽) 우
丿 ナ 广 才 右 右
부수 口 | 총 5획

月 달 월
丿 刀 月 月
부수 月 | 총 4획

有 있을 유
丿 ナ 广 才 右 有 有
부수 月 | 총 6획

育 기를 육
丶 亠 云 去 产 育 育 育
부수 肉(月) | 총 8획

邑 고을 읍
丶 ㄇ ㅁ 므 므 믐 邑
부수 邑 | 총 7획

二 두 이
부수 二 | 총 2획
一 二

人 사람 인
부수 人 | 총 2획
丿 人

一 한 일
부수 一 | 총 1획
一

日 날 일
부수 日 | 총 4획
丨 冂 冂 日

入 들 입
부수 入 | 총 2획
丿 入

字 글자 자
부수 子 | 총 6획
丶 丷 宀 宀 宁 字

自	스스로 자	´ ´ ´ ´ ´ ´
부수 自 | 총 6획		自　自

子	아들 자	´ ´ 了 子
부수 子 | 총 3획		子　子

長	긴 장	｜ ｜ 广 F F 丟 長 長 長
부수 長 | 총 8획		長　長

場	마당 장	一 十 土 圠 圽 圽 圽 坍 塌 場 場
부수 土 | 총 12획		場　場

電	번개 전	´ ´ ´ 厂 币 币 币 雨 雩 雩 雪 雷 電
부수 雨 | 총 13획		電　電

前	앞 전	` ` ` 广 广 广 前 前 前
부수 刀(刂) | 총 9획		前　前

全	온전 전	ノ 入 ム 今 仝 全
부수 入 | 총 6획		全 全

正	바를 정	一 丁 下 正 正
부수 止 | 총 5획		正 正

弟	아우 제	丶 丷 긔 브 肖 弟 弟
부수 弓 | 총 7획		弟 弟

祖	할아버지 조	一 亍 亍 示 术 初 初 祀 祖
부수 示 | 총 10획		祖 祖

足	발 족	丨 口 口 무 무 모 足
부수 足 | 총 7획		足 足

左	왼 좌	一 ナ ナ 左 左
부수 工 | 총 5획		左 左

主 임금 / 주인 주 부수 、 | 총 5획	丶 丶 二 宇 主
住 살 주 부수 人(亻) | 총 7획	丿 亻 亻 亻 仁 住 住
中 가운데 중 부수 丨 | 총 4획	丶 丶 口 口 中
重 무거울 중 부수 里 | 총 9획	丶 二 千 斤 斤 百 亩 重 重
地 땅 지 부수 土 | 총 6획	一 十 土 圠 圠 地
紙 종이 지 부수 糸 | 총 10획	丿 幺 幺 幺 糸 糸 糸 紅 紙 紙

直 곧을 직 부수 目 | 총 8획	一 十 广 市 吉 吉 直 直
川 내 천 부수 巛 | 총 3획	丿 刀 川
千 일천 천 부수 十 | 총 3획	丿 二 千
天 하늘 천 부수 大 | 총 4획	一 二 チ 天
靑 푸를 청 부수 靑 | 총 8획	一 二 ㅛ 圭 丰 青 青 靑
草 풀 초 부수 艸(艹) | 총 10획	一 艹 艹 艹 芍 芍 苩 苩 荁 草

		一 十 寸					
寸 마디 촌							
부수 寸 | 총 3획							

		一 十 才 木 杧 村 村					
村 마을 촌							
부수 木 | 총 7획							

		一 二 千 手 禾 禾 秒 秒 秋					
秋 가을 추							
부수 禾 | 총 9획							

		一 二 三 丰 夫 耒 春 春 春					
春 봄 춘							
부수 日 | 총 9획							

		丨 屮 屮 出 出					
出 날 출							
부수 ㄩ | 총 5획							

		一 七					
七 일곱 칠							
부수 一 | 총 2획							

| 土 흙 토
부수 土 \| 총 3획 | 一 十 土
土 土 | | | | | |

| 八 여덟 팔
부수 八 \| 총 2획 | ノ 八
八 八 | | | | | |

| 便 편할 편 \|
똥오줌 변
부수 人(亻) \| 총 9획 | ノ 亻 亻 亻 伂 佰 伊 便 便
便 便 | | | | | |

| 平 평평할 평
부수 干 \| 총 5획 | 一 丆 丆 平 平
平 平 | | | | | |

| 下 아래 하
부수 一 \| 총 3획 | 一 丁 下
下 下 | | | | | |

| 夏 여름 하
부수 夊 \| 총 10획 | 一 丆 丆 丙 百 百 百 頁 頁 夏 夏
夏 夏 | | | | | |

學 배울 학 부수 子 | 총 16획	` ´ ´ ´ ˊ ˊ ˊ ˊ ˌ ˌ ˌ ˌ ˌ ˌ ˌ ˌ ˌ ˌ 與 與 學 學
韓 한국 / 나라 한 부수 韋 | 총 17획	一 十 十 古 古 古 直 卓 卓 草 草 草 草 韓 韓 韓 韓
漢 한수 / 한나라 한 부수 水(氵) | 총 14획	` ` ` 氵 氵 氵 氵 氵 氵 氵 氵 氵 漢 漢
海 바다 해 부수 水(氵) | 총 10획	` ` ` 氵 氵 氵 氵 海 海 海 海
兄 형 형 부수 儿 | 총 5획	` ` 口 口 尸 兄
花 꽃 화 부수 艸(艹) | 총 8획	一 十 十 艹 艹 艹 花 花

話 말씀 화 부수 言 | 총 13획	`丶 亠 亍 言 言 言 言 訁 訁 訐 話 話`
火 불 화 부수 火 | 총 4획	`丶 丷 少 火`
活 살 활 부수 水(氵) | 총 9획	`丶 丶 氵 氵 沪 浐 汗 活 活`
孝 효도 효 부수 子 | 총 7획	`一 十 土 耂 耂 考 孝`
後 뒤 후 부수 彳 | 총 9획	`丿 彳 彳 彳 彳 彷 彸 移 後`
休 쉴 휴 부수 人(亻) | 총 6획	`丿 亻 亻 仁 什 休 休`

7級	*** 7級과 7級Ⅱ는 서로 다른 급수입니다. 반드시 지원 급수를 다시 확인하세요. ***

70문항	50분 시험	시험일자 : 20○○. ○○. ○○

* 성명과 수험번호를 쓰고 문제지와 답안지는 함께 제출하세요.

성명 _____   수험번호 □□□-□□-□□□□

[문제 1~32] 다음 밑줄 친 漢字語의 音(음: 소리)을 쓰세요.

〈보기〉

漢字 ➡ 한자

[1] 건물 入口를 찾아야 들어갈 수 있습니다.

[2] 有名한 가수가 옆 골목으로 이사를 왔습니다.

[3] 이것이 地下 세계로 들어가는 문입니다.

[4] 할머니의 手記가 책으로 나왔습니다.

[5] 벼를 수확한 農夫가 웃고 있습니다.

[6] 불탄 산을 되돌리는 데 百年이 걸린다고 합니다.

[7] 이 방에서 便安하게 주무십시오.

[8] 발표하기 전에 본인 姓名을 먼저 말씀해 주십시오.

[9] 지난달에 水道 요금이 많이 나왔습니다.

[10] 화장실을 便所라고도 합니다.

[11] 길을 건널 때는 左右를 잘 살펴야 합니다.

[12] 삼촌은 자동차 工場에 다니고 있습니다.

[13] 七夕날에는 견우와 직녀가 오작교에서 만난다는 전설이 있습니다.

[14] 일요일 午後에 친구와 만나기로 했습니다.

[15] 점심 食事를 마치고 차를 마셨습니다.

[16] 서울 시내 한가운데로 漢江이 흐릅니다.

[17] 山村의 겨울은 유난히 길고 춥습니다.

[18] 生氣 있는 얼굴 표정이 보기가 좋습니다.

〈계속〉

[19] 千金을 준다고 해도 나쁜 일은 절대 안 하겠습니다.

[20] 두 개의 사진은 모두 同一 인물을 찍은 것입니다.

[21] 어머니, 한 時間만 밖에서 놀다 오겠습니다.

[22] 도로가 四方으로 뚫려 있어서 이동하기가 편합니다.

[23] 이분이 日前에 제가 말씀드렸던 분입니다.

[24] 여러분께 重大 임무를 맡기려고 합니다.

[25] 지금 市長님께서 연설을 하고 계십니다.

[26] 요즘 自然에서 사는 사람들 이야기가 인기를 끌고 있습니다.

[27] 부모님께 不孝를 용서해 달라고 말씀드렸습니다.

[28] 제가 좋아하는 動物은 강아지입니다.

[29] 이 가방의 主人을 찾습니다.

[30] 王命을 따르지 않는 신하는 큰 벌을 받았습니다.

[31] 오늘 登校한 학생은 한 명도 없습니다.

[32] 요즘 東海에서 오징어가 많이 잡힌다고 합니다.

[문제 33~34] 다음 밑줄 친 漢字語를 〈보기〉에서 찾아 그 번호를 쓰세요.

─〈보기〉─
① 空氣 ② 工事 ③ 每日 ④ 每月

[33] 매월 30일은 제가 용돈을 받는 날입니다.

[34] 신선한 공기를 마셨더니 머리가 맑아지는 것 같습니다.

[문제 35~54] 다음 漢字의 訓(훈: 뜻)과 音(음: 소리)을 쓰세요.

─〈보기〉─
字 ➡ 글자 자

[35] 問

[36] 休

[37] 家

[38] 力

〈계속〉

자르는 선

[39] 紙

[40] 子

[41] 活

[42] 林

[43] 文

[44] 心

[45] 邑

[46] 天

[47] 花

[48] 世

[49] 內

[50] 男

[51] 正

[52] 話

[53] 語

[54] 夏

[문제 55~64] 다음 訓(훈: 뜻)과 音(음: 소리)에 맞는 漢字를 〈보기〉에서 골라 그 번호를 쓰세요.

〈보기〉

① 洞　　② 冬　　③ 色　　④ 數
⑤ 平　　⑥ 老　　⑦ 歌　　⑧ 祖
⑨ 植　　⑩ 草

[55] 빛 색

[56] 밝을 통

[57] 겨울 동

[58] 할아비 조

[59] 셈 수

[60] 풀 초

[61] 늙을 로

[62] 평평할 평

[63] 노래 가

[64] 심을 식

〈계속〉

자르는 선

[문제 65~66] 다음 漢字의 상대 또는 반대되는 漢字를 〈보기〉에서 골라 그 번호를 쓰세요.

─〈보기〉─
① 天　②上　③ 內　④ 川

[65] (　　　　) ↔ 下

[66] 地 ↔ (　　　　)

[문제 67~68] 다음 뜻에 맞는 漢字語를 〈보기〉에서 찾아 그 번호를 쓰세요.

─〈보기〉─
① 不平　　　② 不安
③ 春秋　　　④ 春夏

[67] 어른의 나이를 높여 부르는 말.

[68] 마음이 편하지 않고 조마조마함.

[문제 69~70] 다음 漢字의 진하게 표시한 획은 몇 번째 쓰는지 〈보기〉에서 찾아 그 번호를 쓰세요.

─〈보기〉─
① 첫 번째　　　② 두 번째
③ 세 번째　　　④ 네 번째
⑤ 다섯 번째　　⑥ 여섯 번째
⑦ 일곱 번째　　⑧ 여덟 번째
⑨ 아홉 번째　　⑩ 열 번째

[69]

(　　　　　　)

[70]

(　　　　　　)

※수고하셨습니다.

〈끝〉

수험번호 □□□-□□-□□□□   성명 □□□□□

생년월일 □□□□□□

※ 유성 사인펜, 붉은색 필기구 사용 불가.

※ 답안지는 컴퓨터로 처리되므로 구기거나 더럽히지 마시고, 정답 칸 안에만 쓰십시오. 글씨가 채점란으로 들어오면 오답
   처리가 됩니다.

한자능력검정시험 7급 모의평가 답안지(1)

답안란		채점란		답안란		채점란		답안란		채점란	
번호	정답	1검	2검	번호	정답	1검	2검	번호	정답	1검	2검
1				12				23			
2				13				24			
3				14				25			
4				15				26			
5				16				27			
6				17				28			
7				18				29			
8				19				30			
9				20				31			
10				21				32			
11				22				33			

감독위원	채점위원(1)		채점위원(2)		채점위원(3)	
(서명)	(득점)	(서명)	(득점)	(서명)	(득점)	(서명)

※ 뒷면으로 이어짐

자르는 선

한자능력검정시험 7급 모의평가 답안지(2)

번호	정답	1검	2검	번호	정답	1검	2검	번호	정답	1검	2검
	답안란	채점란			답안란	채점란			답안란	채점란	
34				47				60			
35				48				61			
36				49				62			
37				50				63			
38				51				64			
39				52				65			
40				53				66			
41				54				67			
42				55				68			
43				56				69			
44				57				70			
45				58							
46				59							

자르는 선

[한자능력검정시험 7급 모의평가 정답]

한자능력검정시험 7급 모의평가 답안지(1)

번호	정답	1검	2검	번호	정답	1검	2검	번호	정답	1검	2검
1	입구			12	공장			23	일전		
2	유명			13	칠석			24	중대		
3	지하			14	오후			25	시장		
4	수기			15	식사			26	자연		
5	농부			16	한강			27	불효		
6	백년			17	산촌			28	동물		
7	편안			18	생기			29	주인		
8	성명			19	천금			30	왕명		
9	수도			20	동일			31	등교		
10	변소			21	시간			32	동해		
11	좌우			22	사방			33	④ 每月		

자르는 선

한자능력검정시험 7급 모의평가 답안지(2)

번호	정답	1검	2검	번호	정답	1검	2검	번호	정답	1검	2검
	답안란	채점란			답안란	채점란			답안란	채점란	
34	① 空氣			47	꽃 화			60	⑩ 草		
35	물을 문			48	인간 세			61	⑥ 老		
36	쉴 휴			49	안 내			62	⑤ 平		
37	집 가			50	사내 남			63	⑦ 歌		
38	힘 력			51	바를 정			64	⑨ 植		
39	종이 지			52	말씀 화			65	② 上		
40	아들 자			53	말씀 어			66	① 天		
41	살 활			54	여름 하			67	③ 春秋		
42	수풀 림			55	③ 色			68	② 不安		
43	글월 문			56	① 洞			69	③		
44	마음 심			57	② 冬			70	④		
45	고을 읍			58	⑧ 祖						
46	하늘 천			59	④ 數						

자르는 선

문제 읽을 준비는
저절로 되지 않습니다.

문해력을 키우는 시간

하루 10분

똑똑한 하루 국어 시리즈

문제풀이의 핵심, 문해력을 키우는 승부수

예비초~초6 각 A·B
교재별 14권

예비초 A·B, 초1~초6: 1A~4C
총 14권

정답은
이안에
있어!

수학 전문 교재

●**연산 학습**

빅터연산	예비초~6학년, 총 20권
참의융합 빅터연산	예비초~4학년, 총 16권

●**개념 학습**

개념클릭 해법수학	1~6학년, 학기용

●**수준별 수학 전문서**

해결의법칙(개념/유형/응용)	1~6학년, 학기용

●**단원평가 대비**

수학 단원평가	1~6학년, 학기용

●**단기완성 학습**

초등 수학전략	1~6학년, 학기용

●**상위권 학습**

최고수준 S 수학	1~6학년, 학기용
최고수준 수학	1~6학년, 학기용
최강 TOT 수학	1~6학년, 학년용

●**경시대회 대비**

해법 수학경시대회 기출문제	1~6학년, 학기용

예비 중등 교재

●**해법 반편성 배치고사 예상문제**	6학년
●**해법 신입생 시리즈(수학/영어)**	6학년

맞춤형 학교 시험대비 교재

●**열공 전과목 단원평가**	1~6학년, 학기용(1학기 2~6년)

한자 교재

●**한자능력검정시험 자격증 한번에 따기**	8~3급, 총 9권
●**씽씽 한자 자격시험**	8~5급, 총 4권
●**한자 전략**	8~5급Ⅱ, 총 12권

똑똑한 하루 한자

예비초 A, B

1단계 A, B, C

2단계 A, B, C

3단계 A, B, C

4단계 A, B, C

(사)한자교육진흥회 주관 한자실력급수 자격시험 대비

씽씽 한자 자격시험

• 권장 학년: [8급] 초등 1학년 [7급] 초등 2,3학년
　　　　　　 [6급] 초등 4,5학년 [5급] 초등 6학년

(사)한국어문회 주관 한자능력검정시험 대비

자격증 한번에 따기

• 권장 학년: 초등 1학년　　• 권장 학년: 초등 2,3학년　　　　• 권장 학년: 초등 4,5학년

• 권장 학년: 초등 6학년　　• 권장 학년: 중학생　　• 권장 학년: 고등학생

실 전 에 강 한

수능전략

 사탐영역 **사회·문화**

수능에 꼭 나오는
필수 유형 ZIP 2

천재교육

수능전략

사·회·탐·구·영·역

사회·문화

수능에 꼭 나오는
필수 유형 ZIP 2

차례 ❷ 권

문제 해결 전략 문화의 속성에는 공유성, 학습성, 축적성, 변동성, 전체성이 있다. 문제로 자주 출제되는 유형은 실제 사례를 제시하고 그 사례 속에 부각된 문화의 속성에 대한 특징을 묻는 형태이다.

필수 유형

다음 두 사례에서 공통적으로 부각된 문화의 속성에 대한 진술로 가장 적절한 것은?

- A 사회에서는 가족 중 누군가가 사망하면 남은 가족 모두가 흰색 옷을 입고 추모하는 것이 일반적이다.
- B 부족민 일부가 착용한 조개 목걸이와 팔찌는 관광객에게 평범한 장신구로 보이지만, 해당 부족민에게는 사회적 위세를 과시하는 상징물로 여겨진다.

A 사회에서 가족 중 누군가가 사망하면 남은 가족 모두가 흰색 옷을 입고 추모하는 문화가 일반적인 것이라면, 이 문화는 대부분의 사회 구성원들에 의해 **❶** [   ]되고 있음을 의미한다.

사례에서 '일부가 착용했다'라는 표현은 이 문화를 소수가 향유하고 있다는 의미가 아니라, 조개 목걸이와 팔찌를 착용할 수 있는 사람들이 제한되어 있음을 설명할 뿐이다. 해당 부족민들이 이 행위에 대한 공통된 생각을 하고 있는 것으로 보아 이것은 문화의 속성 중 **❷** [   ]이다.

필수 자료 해석

문화는 한 사회의 구성원들이 공통으로 가지고 있는 생활 양식으로, 그 사회의 구성원들에 의해 **❸** [   ]된다. 따라서 구성원들은 구체적 상황에서 다른 사람의 행동을 어느 정도 **❹** [   ]하거나 기대할 수 있다. 이는 사회 구성원 간 원활한 상호 작용에도 기여한다.

답 ❶ 공유 ❷ 공유성 ❸ 공유 ❹ 예측

필수 선택지 **공유성에 대한 설명으로 옳으면 ○표, 틀리면 ×표를 하고 그 까닭을 쓰시오.**

① 문화는 고정되어 있지 않고 지속적으로 변화한다. (   )
② 문화 요소들이 관련을 맺으며 하나의 체계를 형성한다. (   )
③ 구성원 간에 사고와 행동의 동질성을 형성하게 해 준다. (   )
④ 같은 문화를 향유함으로써 사회 구성원들 간 행동을 예측할 수 있게 한다. (   )
⑤ 문화는 새로운 삶의 방식들이 누적되어 풍부해진다. (   )
⑥ 한 문화 요소의 변화는 다른 요소의 연쇄적 변화를 가져온다. (   )

답 ① ×(변동성에 대한 설명임) ② ×(전체성에 대한 설명임) ③ ○ ④ ○ ⑤ ×(축적성에 대한 설명임) ⑥ ×(전체성에 대한 설명임)

문화의 속성 2

문제 해결 전략 문화의 속성을 구분하는 내용은 매우 중요하다. 따라서 여러 문화의 속성이 복합적으로 제시되어 있는 상황 속에서 그것들을 특정한 후 내용을 도출하는 유형이 자주 등장한다.

필수 유형

밑줄 친 ㉠~㉢에 부각된 문화의 속성에 대한 설명으로 옳지 않은 것은?

최근 복고 문화가 인기를 끌며 '뉴트로'라는 신조어가 생겨났다. 뉴트로는 1020 세대에는 신선함을, 3040 세대에는 ㉠새로운 향수를 불러일으키는 현상이다. 대체로 복고 문화는 경기가 좋지 않을 때 ㉡'그땐 그랬는데'라고 과거를 아름답게 회상하며 유행한다. 하지만 젊은 층의 복고 문화는 ㉢경험해 보지 못한 옛 문화에 현대적인 감각을 입혀 새롭게 받아들이는 현상으로 나타나고 있다. ㉣SNS의 확산이 가져온 뉴트로 열풍은 패션, 예술은 물론 상권에도 영향을 주고 있다.

어떤 세대에 ㉠'새로운 향수를 불러일으키는 현상'이라는 사실을 통해 사회 구성원들이 공통으로 어떤 생활 양식을 갖는다는 것을 설명한다. ㉡은 역시 어떤 문화 현상이 유행한다는 것에서 문화의 **❶** 을 확인할 수 있다.

㉢에는 기존의 문화에 새로운 요소가 더해져 풍부해지고 다양해짐이 나타나 있으므로, 문화의 **❷** 이 드러나 있다. ㉣은 여러 구성 요소가 유기적 관련을 맺고 있음을 통해 문화의 **❸** 이 부각되어 있음을 알 수 있다. 한편, ㉢, ㉣에는 시간의 흐름에 따라 문화 요소가 달라지는 문화의 변동성노 확인할 수 있다.

필수 자료 해석

어떤 사례에서 단 하나의 문화의 속성만을 일대일로 대응시키는 것은 위험한 판단이다. 그러나 문제에서는 최대한 다른 속성이 연관되지 않도록 상황을 단순화하기 때문에, 가장 잘 드러나는 **❹** 을 찾아야 한다.

답 ❶ 공유성 ❷ 축적성 ❸ 전체성(총체성) ❹ 속성

필수 선택지 **㉠~㉣에 대한 설명으로 옳으면 ○표, 틀리면 ×표를 하고 그 까닭을 쓰시오.**

① ㉠에 부각된 문화의 속성은 사회 구성원의 원활한 상호 작용에 기여한다. (   )

② ㉡에 부각된 문화의 속성은 문화가 후천적으로 습득되는 것임을 보여 준다. (   )

③ ㉢에 부각된 문화의 속성은 인간이 가지는 학습 능력과 상징 체계를 전제로 한다. (   )

④ ㉣에는 문화가 다음 세대로 계승되면서 새로운 요소가 늘어난다고 보는 문화의 속성이 부각되어 있다. (   )

답 ① ○ ② ×(학습성에 대한 설명임) ③ ○ ④ ×(축적성에 대한 설명임)

03 문화의 속성 3

문제 해결 전략

하나의 사례에서 문화의 속성이 한 가지만 포함되어 있는 경우는 많지 않다. 따라서 이 문제와 같이 발문에서 '부각'이라는 표현이 등장하는 경우가 종종 있는데, 문장에서 어떤 단어를 사용하여 문화의 속성을 특정하게 하기 때문에 그것을 찾는 것이 좋은 문제 해결 전략이다.

필수 유형

밑줄 친 ㉠, ㉡에 부각되어 있는 문화의 속성에 대한 옳은 진술만을 〈보기〉에서 고른 것은?

㉠바둑은 우리나라 사람들에게 익숙한 오락 거리이다. 바둑은 서양의 체스와 마찬가지로 두 사람이 판을 놓고 마주 앉아 게임을 하는 것이지만, 바둑돌과 체스 말에 적용되는 규칙은 다르다. 체스 말은 왕, 여왕, 기사 등으로 계급이 나눠져 있고, 계급별로 정해진 이동 규칙에 의해서만 움직인다. 반면 바둑돌은 별도의 위계가 없고 바둑판의 빈 점 어디에든 놓을 수 있으며, 다른 돌들과의 상대적 위치가 중요하게 작용한다. 한 연구자는 ㉡바둑과 체스의 이와 같은 특징이 동서양 각각의 세계관과 연관되어 있다고 본다. 세상을 절대자가 만든 '기하학적 규칙의 조합'으로 보는 서양과 '관계의 집합'으로 보는 동양의 세계관이 게임에도 반영되어 있다는 것이다.

㉠에서 바둑은 우리나라 사람들에게 '익숙하다'라고 명시함으로써 문화의 ❶ [　　　]을 부각시키고 있다.

'연관'이라는 표현을 사용함으로써 바둑과 체스가 그 사회의 세계관과 연결되어 만들어짐을 강조하고 있다. 이는 문화의 ❷ [　　　]에 대한 내용이다.

필수 자료 해석

㉠에서 바둑이 우리나라 사람들에게 익숙한 오락이라고 설명하고 있는데, 이를 통해 문화의 공유성을 도출해 낼 수 있다. 문화의 공유성이란 한 사회의 구성원들이 가지는 ❸ [　　　] 생활 양식이기 때문이다. 또한 바둑과 체스가 독립적으로 존재하는 것이 아니라 다른 문화 요소(제시문에서 '세계관')와 연관되어 있다는 것을 통해 문화 요소 간 ❹ [　　　] 연관성을 의미하는 문화의 전체성(총체성)을 도출할 수 있다.

답 ❶ 공유성 ❷ 전체성(총체성) ❸ 공통된 ❹ 유기적

필수 선택지

㉠, ㉡에 대한 설명으로 옳으면 ○표, 틀리면 ×표를 하고 그 까닭을 쓰시오.

① ㉠에는 문화가 학습의 결과물임을 설명하는 문화의 속성이 나타나 있다. (　　)
② ㉠에 부각된 문화의 속성은 구성원의 사고와 행동에 구속력을 부여한다. (　　)
③ 문화가 끊임없이 변화하는 것은 ㉡에 부각된 문화의 속성에 대한 것이다. (　　)
④ ㉡은 문화의 각 요소가 유기적으로 결합되어 있음을 보여 준다. (　　)

답 ① ×(학습성에 대한 설명임) ② ○ ③ ×(변동성에 대한 설명임) ④ ○

■ 필수 유형

04 문화를 바라보는 관점

■ 문제 해결 전략

문화를 바라보는 관점은 총체론적 관점과 비교론적 관점이 있는데 (가)는 다른 사회의 문화 간 비교, (나)는 한 사회 내에서 나타나는 문화 요소들 간의 관계에 초점을 맞춘다. 각 관점이 갖는 장점을 묻는 문제가 간혹 출제된다.

■ 필수 유형

(가), (나)에 나타난 문화를 바라보는 관점에 대한 옳은 설명만을 〈보기〉에서 고른 것은?

(가) 국가별로 새해를 맞이하는 모습은 다르지만 행복을 기원하는 마음은 비슷하다. 한국은 떡국을 먹으며 무병장수를 기원하고, 필리핀은 둥근 과일을 접시에 담아 두고 번영을 기도하며, 아일랜드는 구운 케이크를 부셔 먹으며 풍요를 바란다.

(나) 최근에는 손으로 작성한 연하장 대신 온라인 메시지로 새해 인사를 나누는 모습을 어렵지 않게 볼 수 있다. 이러한 변화를 이해하기 위해서는 정보 통신 기술, 관계 지향적 가치관, 유교적 규범 등 다양한 문화 요소들의 유기적인 연관성을 고려해야 한다.

(가)에서는 한국, 필리핀, 아일랜드에서 새해를 맞이하는 모습을 ❶   하고 있다. 이렇게 문화를 바라보는 관점은 어떤 문화의 특징을 객관적으로 파악할 수 있도록 돕는다.

(나)에서는 문화의 하위 요소들 간의 유기적 연관성을 중심으로 문화를 바라보고 있다. 이러한 ❷   적 관점은 문화 요소를 심층적으로 이해할 수 있도록 돕는다.

■ 필수 자료 해석

문화를 바라보는 관점에는 총체론적 관점, 비교론적 관점이 있다. 그중 비교론적 관점은 제시된 자료의 (가)에서처럼 몇 가지 문화를 서로 비교함으로써 문화의 보편성 위에서 그 문화만이 갖는 ❸   을 드러내는 데 목적이 있다. 총체론적 관점은 (나)에서처럼 문화의 하위 요소들 간 연관성을 밝힘으로써 전체 문화의 ❹   속에서 의미를 파악하는 데 목적이 있다.

目 ❶ 비교 ❷ 총체론 ❸ 특수성 ❹ 맥락

■ 필수 선택지

(가), (나)에 나타난 문화를 바라보는 관점에 대한 설명으로 옳으면 ○표, 틀리면 ×표를 하고 그 까닭을 쓰시오.

① (가)는 자기 문화의 객관적 이해에 기여한다. (   )
② (가)는 한 문화 내에서 하위문화들 간의 연관성을 파악하기 위한 것이다. (   )
③ (나)는 하나의 문화 요소를 독립된 것으로 전제한다. (   )
④ (나)는 문화 요소들 간 상호 유기적 관계를 이해하기 위한 관점이다. (   )

目 ① ○ ② ×(가→나) ③ ×(독립된→다른 부분과 연관된) ④ ○

문제 해결 전략

문화를 이해하는 태도는 절대적인 기준을 갖고 문화를 평가의 대상으로 보는 태도와 절대적 기준 없이 문화를 이해하려는 태도로 구분된다. 이렇게 구분하여 자문화 중심주의, 문화 사대주의, 문화 상대주의를 비교하는 문제는 거의 빠지지 않고 출제되는 매우 중요한 평가 요소이다.

필수 유형

갑, 을의 문화 이해 태도에 대한 설명으로 옳은 것은?

- 갑은 외국에서 유학을 온 일부 학생들이 종교 의례에 참석하기 위해 특정 요일의 수업에 결석하는 모습을 보고, 자국의 생활 양식에 비해 뒤떨어진 문화라고 생각하였다.
- 이주민인 신입 사원이 자신이 속한 문화권에서는 술을 마시거나 접촉하는 것을 금기시한다며 술 판매 업무를 할 수 없다고 하자, 관리자 을은 그 금기가 해당 문화권에서 매우 중요한 것임을 인정하여 다른 업무를 배정하였다.

갑은 외국의 종교 의례에 대해 뒤떨어진 문화라고 생각했다. 이 점에서 볼 때, 갑이 갖고 있는 문화 이해의 태도는 자기 문화를 절대적 기준으로 삼고 다른 문화를 판단하는 **❶**　　　　이다.

을의 태도로 볼 때, 을은 이주민의 문화를 있는 그대로 이해하고 존중하는 **❷**　　　　의 태도를 갖고 있다는 것을 알 수 있다.

필수 자료 해석

제시된 사례에서 갑, 을 중 바람직한 문화 이해의 태도를 갖고 있는 사람은 **❸**　　　　이다. 갑은 다른 문화를 자신의 기준으로 평가하고 있는 자문화 중심주의의 태도를 보이고 있는 반면, 을은 다른 문화의 **❹**　　　　을 고려하여 객관적으로 문화를 이해하는 모습을 보임으로써 문화 상대주의를 실천하고 있다.

답 ❶ 자문화 중심주의 **❷** 문화 상대주의 **❸** 을 **❹** 특수성

필수 선택지

갑, 을에 대한 설명으로 옳으면 ○표, 틀리면 ×표를 하고 그 까닭을 쓰시오.

① 갑의 태도는 자문화 정체성 상실의 우려가 있다는 비판을 받는다. (　　)
② 갑의 태도는 문화를 평가의 대상으로 본다. (　　)
③ 갑의 태도는 다른 문화 요소의 빠른 수용에는 유리한 측면이 있다. (　　)
④ 갑의 태도는 자기 문화만을 고집함으로써 고립을 초래할 우려가 있다. (　　)
⑤ 을의 태도는 다른 사회의 문화를 무분별하게 수용할 우려가 있다. (　　)
⑥ 을의 태도는 국수주의로 변질될 수 있다는 비판을 받는다. (　　)
⑦ 을의 태도는 각 사회의 문화가 동등한 가치를 지닌다고 본다. (　　)
⑧ 을의 태도는 갑의 태도와 달리 문화의 다양성 확보에 유리하다. (　　)

답 ① ×(문화 사대주의에 대한 설명임) ② ○ ③ ×(유리한 → 불리한) ④ ○ ⑤ ×(문화 사대주의에 대한 설명임) ⑥ ×(자문화 중심주의에 대한 설명임) ⑦ ○ ⑧ ○

06 문화를 이해하는 태도 2

문제 해결 전략
제시된 사례에서 문화 이해에 대한 어떤 태도를 보이고 있는지를 파악해서 각각의 문화 이해의 태도가 갖는 장단점을 추론하는 문제도 자주 출제되고 있다. 거의 빠지지 않고 출제가 되고 있는 만큼, 다양한 사례를 접해 보고 판단하는 연습이 필요하다.

필수 유형

갑~병의 문화 이해 태도에 대한 설명으로 옳은 것은?

교사: ○○족의 △△ 축제에 대해 자신의 의견을 이야기해 봅시다.

갑: 과도하게 증가한 돼지 개체 수가 ○○족의 생존 기반이 되는 경작지를 위협하기 때문에 돼지를 대규모로 도축하는 것입니다. 이 축제는 부족의 생존에 필요한 적정한 규모의 경작지를 확보하기 위한 그들만의 방법이라고 생각합니다. └→ 문화 상대주의

을: ○○족이 축제를 위해 돼지 전체 개체 수의 4분의 3을 도축하는 것은 야만적입니다. 또한 그 고기를 먹기 위해 요리하는 과정도 우리나라의 위생 관념에 비춰 봤을 때 불결하다고 생각합니다.→ 자문화 중심주의

병: ○○족의 축제가 고단백질을 얻기 위한 그들만의 방법임을 인정해야 합니다. 하지만 그 축제가 대다수 사람들이 소중하게 생각하는 생명 존중의 가치를 훼손하지 않는지 생각해 봐야 합니다.

병은 기본적으로 다른 문화를 객관적으로 이해하려고 하는 동시에 인류가 추구하는 가치와 충돌하지는 않는지를 검토하는 모습을 보임으로써 [❶   ]를 경계하고 있음을 알 수 있다.

필수 자료 해석

모든 문화를 무조건적으로 인정하고 존중하는 태도는 [❷   ]이다. 이는 문화 상대주의와는 다르며 경계해야 하는 모습이다.

🔑 ❶ 극단적 문화 상대주의 ❷ 극단적 문화 상대주의

필수 선택지

갑~병에 대한 설명으로 옳으면 ○표, 틀리면 ×표를 하고 그 까닭을 쓰시오.

① 갑의 태도는 문화를 평가의 대상으로 본다. (   )
② 갑의 태도는 다른 문화를 객관적으로 파악하고 이해하려는 태도이다. (   )
③ 을의 태도는 문화를 해당 사회의 맥락에서 바라본다. (   )
④ 을의 태도는 국수주의로 변질될 수 있다는 비판을 받는다. (   )
⑤ 병은 극단적 문화 상대주의를 경계하고 있다. (   )
⑥ 병의 태도는 ○○족의 축제를 긍정적으로 바라보고 있다. (   )

🔑 ① ×(평가 → 이해) ② ○ ③ ×(문화 상대주의에 대한 설명임) ④ ○ ⑤ ○ ⑥ ○

문제 해결 전략
문화를 이해하는 태도 중 지향해야 할 바람직한 태도는 문화를 객관적으로 이해해야 하는 것이라고 바라보는 문화 상대주의이다. 문화 상대주의와 비교한 자문화 중심주의, 문화 사대주의의 문제점을 파악하는 문제가 주로 출제된다.

필수 유형

문화 이해의 태도 A~C에 대한 설명으로 옳은 것은? (단, A~C는 각각 문화 사대주의, 문화 상대주의, 자문화 중심주의 중 하나이다.)

교사: 문화의 우열을 평가할 수 있는지에 대해 B, C는 A와 다른 입장을 갖는다는 공통점이 있는데, B와 C 간에도 차이점이 있습니다. 그러면 B와 다른 C의 특징을 설명해 볼까요?

갑: 자기 문화의 정체성을 유지하는 데 유리합니다.

을: 외부 문화의 수용에 적극적입니다.

교사: 을만 옳은 설명을 했습니다.

세 가지 문화 이해의 태도 중 우열을 평가할 수 있다고 보는 것은 문화 사대주의와 **❶** 이다. 반면, **❷** 의 태도는 문화는 평가의 대상이 아니라고 본다. 따라서 A가 문화 상대주의이다.

B와 다른 C의 특징을 을이 옳게 설명하였기 때문에, 외부 문화 수용에 적극적인 C는 **❸** 이다. 나머지 B는 자문화 중심주의이다.

필수 자료 해석

문화 이해의 바람직한 태도라고 할 수 있는 **❹** 는 문화를 평가의 대상으로 바라보지 않고, 다른 문화의 특수한 가치를 인정하고 이해하는 태도이다. 문화를 평가의 대상으로 보는 입장에는 자문화 중심주의와 문화 사대주의가 있다.

🔑 ❶ 자문화 중심주의 ❷ 문화 상대주의 ❸ 문화 사대주의 ❹ 문화 상대주의

필수 선택지

A~C에 대한 설명으로 옳으면 ○표, 틀리면 ×표를 하고 그 까닭을 쓰시오.

① A는 다른 사회와 문화적 마찰을 초래할 가능성이 크다. (   )
② A는 개방적 태도로 타문화를 이해하려고 한다. (   )
③ B는 문화적 다양성 증진에 기여한다. (   )
④ B는 C와 달리 자기 문화의 가치를 폄훼한다. (   )
⑤ C는 자기 문화의 정체성을 상실할 우려가 있다는 점에서 비판받는다. (   )
⑥ C는 문화 제국주의로 변질될 가능성이 있다. (   )

🔑 ① ×(A→B) ② ○ ③ ×(B→A) ④ ×(B와 C가 바뀜) ⑤ ○ ⑥ ×(C→B)

문화를 이해하는 태도 4

문제 해결 전략

우열한 문화와 열등한 문화를 구별할 수 있는가에 대한 판단에 따라 문화 절대주의와 문화 상대주의가 구분된다. 그리고 문화 절대주의는 자문화 중심주의와 문화 사대주의로 구분된다. 각각의 문화 이해 태도가 갖는 특징과 장단점을 파악하는 문제는 빠짐없이 출제된다.

필수 유형

다음 자료에 대한 옳은 설명을 〈보기〉에서 고른 것은? (단, A~C는 각각 문화 사대주의, 문화 상대주의, 자문화 중심주의 중 하나이다.)

• '문화 간에 우열이 존재한다고 보는가?'는 A와 B를 구분할 수 없는 질문이다.
• '자기 문화의 정체성을 상실할 우려가 큰가?'는 A와 C를 구분할 수 있는 질문이다.
• (가) 는 B와 C를 구분할 수 있는 질문이다.

문화 상대주의는 어떤 문화의 배경이 되는 특수한 자연환경, 역사나 전통, 사회적 맥락 등을 고려하여 문화를 이해하는 태도이다. 따라서 첫 번째 질문으로 A, B를 구분할 수 없기 때문에 A, B는 모두 문화 간 우열이 존재한다고 보는 입장이다. 결과적으로 C가 **❶** 이다. 두 번째 질문으로 A, C를 구분할 수 있다고 했으므로 A는 자기 문화의 정체성을 상실할 우려가 있다는 것을 의미한다. 따라서 A는 **❷** 이고, B는 **❸** 이다.

필수 자료 해석

문화 간 우열은 존재하지 않으며, 문화를 객관적 태도로 이해하는 것은 **❹** 이다. 그러나 문화 상대주의가 타문화를 무비판적으로 동경하는 것을 의미하는 것은 아니다. 다시 말해, 문화 상대주의를 갖는다고 해서 자기 문화의 정체성을 상실할 우려가 높아지는 것은 아니다.

답 ❶ 문화 상대주의 **❷** 문화 사대주의 **❸** 자문화 중심주의 **❹** 문화 상대주의

필수 선택지

A~C에 대한 설명으로 옳으면 ○표, 틀리면 ×표를 하고 그 까닭을 쓰시오.

① A는 다른 문화에 대한 동경으로 자기 문화를 폄훼하는 태도이다. (   )
② A는 디문화 수용에 적극적이다. (   )
③ A는 자기 문화만이 고유한 가치를 갖는다고 본다. (   )
④ B는 문화적 다양성 증진에 기여한다. (   )
⑤ B는 자기 문화의 정체성 상실에 우려가 있다. (   )
⑥ B는 문화 제국주의로 변질될 가능성이 있다. (   )
⑦ C는 다른 문화에 대한 특수성을 부정하는 태도이다. (   )
⑧ (가)에 '맹목적으로 자기 문화의 가치를 낮게 평가하는가?'가 들어갈 수 있다. (   )

답 ① ○ ② ○ ③ ×(A→B) ④ ×(B→C) ⑤ ×(B→A) ⑥ ○ ⑦ ×(부정→인정) ⑧ ×(B, C 모두 이 질문과 관련하여 부정적임)

문제 해결 전략 한 사회의 구성원 대다수가 공유하는 문화를 주류 문화, 사회 내의 일부 구성원들이 공유하는 문화를 하위문화라고 한다. 하위문화 중 한 사회의 주류 문화를 거부하거나 저항하는 사람들이 공유하는 문화인 반문화에 대한 문제의 출제 빈도가 높은 편이다.

필수 유형

A~C 문화에 대한 옳은 설명을 〈보기〉에서 고른 것은? (단, A~C 문화는 각각 주류 문화, 하위문화, 반문화 중 하나이다.)

중세 말기 유럽에서는 새롭게 부를 축적한 부르주아지가 등장하였다. 이들의 문화는 당시 엄격한 신분제에 기초한 봉건제적 문화와는 차별화된 성격을 띠고 있어 처음에는 A 문화였다. 그러나 부르주아지가 근대 시민 혁명을 통해 구체제를 전복하려 나선 시기에, 이들의 문화는 B 문화로서의 성격을 보였다. 그리고 마침내 구체제가 무너지고 새로운 근대 사회가 도래한 이후 이들의 문화는 점차 봉건제적 문화를 대체하며 C 문화로 성장하였다.

↓

부르주아지들의 문화는 당시의 주류 문화와 구분되는 소수의 문화였기에 A는 [❶   ]이다. 그러던 중 시민 혁명기에는 부르주아지들의 문화가 기존의 지배 문화에 저항하는 성격을 보였다는 것을 통해 B는 [❷   ]라는 것을 알 수 있다. 근대 사회 도래 이후에는 부르주아지들의 문화는 기존의 지배적 문화를 대체하였으므로 C는 [❸   ]이다.

필수 자료 해석

한 사회의 여러 문화들은 고정·불변의 것이 아니라 시대나 상황에 따라 다양한 성격을 갖게 된다. 제시된 자료에서 부르주아지들의 문화는 처음에는 하위문화였다가 [❹   ]의 성격을 갖게 되었고, 결국 주류 문화로 자리매김하게 되었다.

🄐 ❶ 하위문화 ❷ 반문화 ❸ 주류 문화 ❹ 반문화

필수 선택지 A~C에 대한 설명으로 옳으면 ○표, 틀리면 ×표를 하고 그 까닭을 쓰시오.

① A 문화는 C 문화와 대립하여 사회 안정을 저해한다. (   )
② 한 시대 내에서 B 문화는 A 문화에 포함된다. (   )
③ B 문화는 주류 문화를 지지하고 옹호한다. (   )
④ C 문화는 한 사회 구성원 대부분이 공유하는 문화이다. (   )
⑤ 한 사회에서 A 문화보다 C 문화를 향유하는 사람들의 수가 더 많다. (   )

🄐 ① ×(A→B) ② ○ ③ ×(지지하고 옹호 → 거부하고 저항) ④ ○ ⑤ ○

10 하위문화와 반문화 2

문제 해결 전략

주류 문화에 비해 소수의 구성원 사이에서 공유되는 문화가 하위문화인데, 하위문화 중 주류 문화에 대해 저항하거나 거부하는 문화가 반문화이다. 이들의 관계와 특징을 묻는 문항이 자주 출제된다.

필수 유형

A~C의 일반적인 특징에 대한 설명으로 옳은 것은? (단, A~C는 각각 주류 문화, 반문화, 반문화의 성격이 없는 하위문화 중 하나이다.)

구분	A	B	C
한 사회 내에서 일부 구성원들만 공유하는 문화인가?	예	예	아니요
한 사회의 지배적인 문화를 거부하거나 저항하는 문화인가?	예	아니요	아니요

한 사회 내에서 일부 구성원들만이 아닌 다수가 향유하는 문화인 C가 **❶**〔   〕이다. 또한 한 사회의 지배적 문화를 거부하거나 저항하는 A가 **❷**〔   〕이다. 결과적으로 B는 **❸**〔   〕이다.

필수 자료 해석

주류 문화는 각 사회의 일반적이고 주요한 생활 양식의 특징을 갖는다. 따라서 일부 구성원들만 공유하는 문화라는 질문에 부정 응답한 C가 주류 문화이다. 두 번째 질문인 '한 사회의 주류 문화를 거부하는가?'에 대해 긍정 응답을 한 A가 반문화이다. 모든 **❹**〔   〕가 반문화인 것은 아니며, 반문화적인 성격을 갖고 있지 않은 하위문화도 있다.

답 ❶ 주류 문화 **❷** 반문화 **❸** 반문화의 성격이 없는 하위문화 **❹** 하위문화

필수 선택지

A~C에 대한 설명으로 옳으면 ○표, 틀리면 ×표를 하고 그 까닭을 쓰시오.

① A는 사회 변동에 따라 C가 되기도 한다. (   )
② A는 주류 집단에 의해 일탈로 규정되기도 한다. (   )
③ A는 B와 달리 해당 문화의 공유자 간 유대감 형성에 기여한다. (   )
④ B는 A와 달리 사회에 따라 상대적으로 규정된다. (   )
⑤ B는 과거에 C였다. (   )
⑥ C는 A를 지지하고 옹호한다. (   )
⑦ 한 사회에서 C에 해당하는 문화가 다른 사회에서는 A에 해당할 수 있다. (   )
⑧ C는 B와 공존하여 존재할 수 있다. (   )

답 ① ○ ② ○ ③ ×(A는 B와 달리 → A, B 모두) ④ ×(B는 A와 달리 → A, B 모두) ⑤ ×(일부 하위문화는 과거에 주류 문화였을 수도 있지만, 모든 하위문화가 주류 문화였던 것은 아님) ⑥ ×(지지하고 옹호 → 일탈로 인식) ⑦ ○ ⑧ ○

11 하위문화와 반문화 3

문제 해결 전략 실제 사례 속에서 하위문화, 반문화, 주류 문화의 특징과 관계를 파악하는 것이 핵심이다. 특히, 모든 하위문화가 반문화의 성격을 갖는 것은 아님을 유의해야 한다.

필수 유형

(가), (나)의 사례에 대한 설명으로 옳은 것은?

(가) 인터넷 및 스마트폰의 보급으로 누구나 온라인 게임을 손쉽게 접할 수 있게 되었다. 이제 <u>온라인 게임은 청소년뿐만 아니라 중장년층 및 노년층까지 전 세대가 즐기는 대중적 문화가 되었다.</u>

(나) 최근 청소년들은 그들끼리만 통하는 언어를 사용한다. 인터넷 용어를 축약하여 표현하거나, 자음만으로 의사를 표현하는 등의 방법으로 신조어와 은어를 만들어 사용한다. 기성세대가 청소년들의 언어문화를 이해하지 못하여, 세대 간 의사소통의 장애가 발생하고 있다.

(가)에서 과거의 온라인 게임은 청소년들에게 국한된 **❶** 였다. 그러나 인터넷 및 스마트폰의 보급으로 온라인 게임은 전 세대가 즐기는 **❷** 로 변화하였다.

(나)에서 청소년들이 신조어와 은어를 사용하는 문화는 주류 문화에 대한 저항적 성격인 **❸** 로 볼 수 있는 근거는 없다. 따라서 제시된 자료에서 신조어와 은어를 사용하는 문화는 반문화적 성격이 없는 하위문화로 판단해야 한다.

필수 자료 해석

제시된 자료에서 유심히 살펴봐야 하는 부분은 '(나)에서 청소년들이 사용하는 신조어와 은어를 반문화로 볼 수 있는가'이다. 반문화는 주류 문화에 대한 **❹** 의 성격을 갖는 문화인데, 세대 간 의사소통의 장애가 발생한다는 부분만으로 그런 성격이 나타난다고 보기 어렵다.

답 ❶ 하위문화 **❷** 주류 문화 **❸** 반문화 **❹** 반감이나 저항

필수 선택지 **위 사례에 대한 설명으로 옳으면 ○표, 틀리면 ×표를 하고 그 까닭을 쓰시오.**

① (가)를 통해 하위문화와 주류문화는 시대 상황에 따라 규정되는 상대적 개념임을 알 수 있다. ( )

② (가)에는 문화 지체 현상이 나타나 있다. ( )

③ (나)에서는 하위문화로 인해 세대 간 이질성이 약화되었다. ( )

④ (나)는 (가)와 달리 반문화의 범위가 확장된 사례이다. ( )

⑤ (나)에는 물질문화를 대상으로 한 하위문화가 나타나 있다. ( )

답 ① ○ ② ×(가, 나 모두 문화 지체 현상에 해당되는 사례가 없음) ③×(약화 → 강화) ④ ×(가, 나에 제시된 사례 모두 반문화가 아님) ⑤ ×(물질 → 비물질)

12 대중문화와 대중 매체 1

문제 해결 전략

대중이 즐기고 누리는 문화를 대중문화라고 하는데, 대중문화가 갖는 의미와 역기능 도 출제 요소이지만, 대중문화가 만들어지는 과정에서 매개체의 역할을 하는 대중 매체에 대한 문제의 출제 비중이 높다.

필수 유형

그림은 대중 매체 A~C를 일반적인 특징에 따라 구분한 것이다. A~C에 대한 설명으로 옳은 것은? (단, A~C는 각각 뉴 미디어, 영상 매체, 인쇄 매체 중 하나이다.)

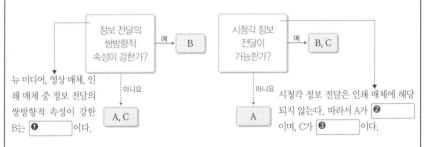

뉴 미디어, 영상 매체, 인 쇄 매체 중 정보 전달의 쌍방향적 속성이 강한 B는 **❶** 이다.

시청각 정보 전달은 인쇄 매체에 해당 되지 않는다. 따라서 A가 **❷** 이며, C가 **❸** 이다.

필수 자료 해석

대중 사회가 성립되던 시기에는 종이 신문, 라디오, 텔레비전 등의 일방향의 매체가 주를 이루었으나, 정보 사회 의 도래와 함께 대중문화의 생산과 전파, 확산을 주도하는 매체는 인터넷, 누리 소통망(SNS) 등의 **❹** 이다. 뉴 미디어는 정보의 생산자가 소비자에게 정보를 일방적으로 전달하는 형태에서 벗어나 서로 간의 소통이 가능한 대중 매체이다.

📖 ❶ 뉴 미디어 ❷ 인쇄 매체 ❸ 영상 매체 ❹ 뉴 미디어

필수 선택지

A~C에 대한 설명으로 옳으면 ○표, 틀리면 ×표를 하고 그 까닭을 쓰시오.

① A는 C에 비해 정보 전달이 신속하게 이루어진다. (　　)
② A는 B에 비해 정보 복제와 재가공에 불리하다. (　　)
③ A는 C에 비해 문맹자의 정보에 대한 접근 가능성이 높다. (　　)
④ A는 B에 비해 정보 전달자와 수용자 간 구분이 불명확하다. (　　)
⑤ B는 C에 비해 정보 생산자의 익명성이 보장된다. (　　)
⑥ B는 A에 비해 정보 확산 속도가 느리다. (　　)
⑦ C는 A, B에 보다 늦게 등장했다. (　　)
⑧ C는 B에 비해 정보 확산의 시·공간적 제약이 크다. (　　)

📖 ① ×(신속하게 → 느리게) ② ○ ③ ×(높다 → 낮다) ④ ×(불명확 → 명확) ⑤ ○ ⑥ ×(느리 다 → 빠르다) ⑦ ×(뉴 미디어(B)가 가장 최근에 등장함) ⑧ ○

대표적인 대중 매체들의 특징을 파악하는 문제이다. 문제 유형의 다양화를 위해 문제에서 게임 상황을 주고 그 과정에서 개념의 특징을 묻는 경우가 많아지고 있다.

필수 유형

대중 매체의 특징을 활용한 다음 게임에 대한 설명으로 옳은 것은?

[게임의 규칙]
- A, B상자 안에 각각 3장의 카드가 있다. 카드마다 점수를 부여하는데, 각 카드의 내용이 종이 신문, TV, 인터넷의 일반적 특징 중 하나에만 해당하면 1점, 두 개에만 해당하면 2점, 세 개 모두에 해당하면 3점을 부여한다.
- 갑은 A, B상자에서 각각 1장씩 카드를 뽑아 내용 확인 후 다시 원래의 상자에 카드를 넣는다. 을도 같은 방식으로 게임을 진행한다.
- 각 상자에서 뽑은 카드 2장으로 얻은 점수의 합이 높은 사람이 이긴다.

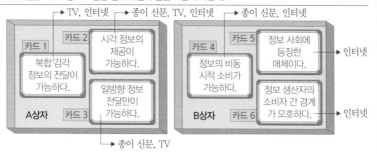

필수 자료 해석

대중 매체 중 종이 신문과 TV는 일방적 정보 전달의 매체로, 정보의 소비자는 정보를 수동적으로 수용할 뿐이었으나 인터넷, 이동 통신 기술 등 ❶ [   ]가 등장하면서 정보의 생산자와 소비자의 경계가 ❷ [   ]되었다.

답 ❶ 뉴 미디어 ❷ 약화

위 게임에 대한 설명으로 옳으면 ○표, 틀리면 ×표를 하고 그 까닭을 쓰시오.

① A상자에 담긴 카드의 총점은 6점이다. (   )
② A상자의 카드 1장에서 얻을 수 있는 최소 점수는 2점이다. (   )
③ B상자의 카드 1장에서 얻을 수 있는 최대 점수는 3점이다. (   )
④ 한 사람이 1회 게임에서 얻을 수 있는 최소 점수는 3점이다. (   )
⑤ 한 사람이 1회 게임에서 종이 신문에 해당하는 내용이 있는 카드로 얻을 수 있는 최대 점수는 6점이다. (   )
⑥ 카드 5와 카드 6에 공통으로 해당되는 매체는 인터넷 뿐이다. (   )

답 ① ×(6점→7점) ② ○ ③ ×(3점→2점) ④ ○ ⑤ ×(6점→5점) ⑥ ○

14 문화 변동 1

문제 해결 전략

문화 변동 요인에는 발명, 발견, 전파 등이 있고, 변동 결과는 문화 공존, 문화 동화, 문화 융합이 있다. 그런데 문화 변동의 원인이나 결과만에 한정해서 문제가 출제되기 보다는 문화 변동의 요인과 과정, 결과를 복합적으로 묻는 문제가 주로 출제된다.

필수 유형

자료를 통해 문화 변동 사례를 분석한 것으로 옳은 것은? (단, A~C는 각각 간접 전파, 자극 전파, 직접 전파 중 하나이고, (가)~(다)는 각각 문화 공존, 문화 동화, 문화 융합 중 하나이다.)

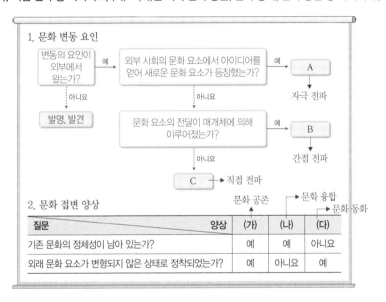

1. 문화 변동 요인

2. 문화 접변 양상

질문 양상	(가)	(나)	(다)
기존 문화의 정체성이 남아 있는가?	예	예	아니요
외래 문화 요소가 변형되지 않은 상태로 정착되었는가?	예	아니요	예

필수 자료 해석

기존 문화의 정체성도 남아있면서 외래 문화도 변형 없이 정착된 것은 **❶** 이다. 기존 문화의 정체성이 남아 있고, 외래 문화의 변형이 있었던 것은 **❷** , 기존 문화의 정체성은 사라지고 외래 문화가 도입된 것은 **❸** 이다.

답 ❶ 문화 공존 ❷ 문화 융합 ❸ 문화 동화

필수 선택지

위 자료에 대한 설명으로 옳으면 ○표, 틀리면 ×표를 하고 그 까닭을 쓰시오.

① (가)의 예로 양의학과 한의학이 함께 유지되는 것을 들 수 있다. (   )

② (나)는 문화의 다양성 증대에 기여한다. (   )

③ 전통 문화가 외래 문화에 흡수되어 소멸되는 것은 (다)의 예이다. (   )

답 ① ○ ② ○ ③ ○

문제 해결 전략 문화 변동과 관련해서는 요인과 양상, 결과가 중요한 평가 요소이다. 특히, 실제 사례에서 문화 변동의 요인과 양상, 결과를 도출하고 적용하는 문제가 자주 출제되고 있다.

필수 유형

A~C국에 나타난 문화 변동에 대한 설명으로 옳은 것은?

- A국은 전통적인 온돌 문화와 이웃 나라의 공동 주거 문화를 결합하여 새로운 양식의 주거 문화를 형성하였다.
- B국에서는 과거 자신들을 식민 지배하였던 국가의 선교사들이 들여온 신흥 종교를 받아들여 토착 종교와 함께 존재하고 있다.
- C국은 이웃 나라의 방역 시스템에서 아이디어를 얻어 새로운 방역 제도를 구축하고 감염병 확산을 효과적으로 억제하였다.

A국은 전통적 온돌 문화와 다른 사회의 주거 문화가 결합한 새로운 양식의 주거 문화를 만들었으므로 문화 접변의 결과 중 **❶** 이다.

B국에서는 문화 접변의 결과로 두 문화가 함께 존재하는 **❷** 이 나타났다.

C국의 사례는 다른 사회의 시스템에서 아이디어를 얻어 새로운 제도를 구축한 것으로 보아 **❸** 의 사례이다.

필수 자료 해석

A국은 '새로운 양식', B국은 '함께 존재', C국은 '아이디어를 얻어 새로운 제도를 구축'이라고 표현되어 있다. 이처럼 어떤 유형의 문화 접변이 이루어졌는가, 어떤 문화 접변의 결과인가를 판단하기 위한 명확한 표현을 찾아서 적용해야 한다. 또한 B국의 경우 식민 지배라는 특수한 상황이 제시되었는데, 그것만으로 이를 **❹** 문화 접변으로 볼 수는 없다.

답 ❶ 문화 융합 ❷ 문화 공존(병존) ❸ 자극 전파 ❹ 강제적

필수 선택지 **위 자료에 대한 설명으로 옳으면 ○표, 틀리면 ×표를 하고 그 까닭을 쓰시오.**

① A, B국 모두 자기 문화의 정체성을 유지하였다. (   )

② B국은 자기 문화의 정체성을 상실하였다. (   )

③ B국은 A국과 달리 강제적인 문화 접변이 나타났다. (   )

④ B국은 비물질 문화에서 문화 변동이 나타났다. (   )

⑤ C국의 문화 변동은 매체를 통해 전해진 간접 전파로 인해 나타났다. (   )

답 ① ○ ② ×(상실 → 유지) ③ ×(제시된 B국의 내용에서 강제적 문화 접변의 근거를 발견하기 어려움) ④ ○ ⑤ ×(자극 전파에 해당함)

문제 해결 전략 | 문화 변동 요인이 한 사회 내부에 있는지, 다른 문화와의 접촉에 있는지를 구분해야한다. 문화 변동의 요인과 양상, 결과를 복합적으로 묻는 문제가 자주 출제되고 있다.

필수 유형

A~C국에 나타난 문화 변동에 대한 설명으로 옳은 것은?

- 식사 도구로 수저를 사용하던 A국에서는 나이프와 포크를 사용하는 이웃 나라 사람들과 교류하면서 나이프와 포크도 식사 도구로 사용하였다.
- B국의 군인들은 야외 훈련 중 철제 투구를 이용하여 음식을 끓여 먹었던 경험에서 아이디어를 얻어 새로운 형태의 냄비를 만들어 조리 도구로 사용하였다.
- C국 사람들은 자신들을 식민 통치하였던 외국인들이 즐겨 먹던 통조림 고기를 자국의 전통 요리에 접목하여 만든 새로운 음식을 즐기게 되었다.

수저를 사용하던 식기 문화가 사라진 것은 아니며, 나이프와 포크도 함께 사용되고 있으므로 A국에 나타난 문화 변동은 **❶**　　이다.

B국에서는 어떤 문화 현상에서 아이디어를 얻어 냄비를 만든 것으로 내재적 변동 중 **❷**　　의 사례이다.

C국에서는 자국의 전통 요리가 다른 사회의 문화와 접목하여 새로운 형태의 음식이 출현한 사례로, 이는 문화 변동 중 **❸**　　의 사례이다.

필수 자료 해석

어떤 문화 요소에서 아이디어를 얻었다는 것만으로 자극 전파라고 단정 지어서는 안 된다. 왜냐하면 **❹**　　는 다른 사회의 문화 요소에서 아이디어를 얻어 새로운 문화 요소가 만들어진 경우에만 국한되기 때문이다. 따라서 자극 전파는 내재적 문화 변동의 요인인 발명과 구분되어야 한다.

답 ❶ 문화 공존(병존) **❷** 발명 **❸** 문화 융합 **❹** 자극 전파

필수 선택지 | 위 자료에 대한 설명으로 옳으면 ○표, 틀리면 ×표를 하고 그 까닭을 쓰시오.

① A국에서는 문화 병존이 나타났다. (　　　)

② B, C국에서는 문화 융합이 나타났다. (　　　)

③ B국에서는 자극 전파가 나타났다. (　　　)

④ C국에서는 강제적 문화 접변이 나타났다. (　　　)

⑤ B국은 외래문화와의 접촉으로 새로운 문화 요소가 나타났다. (　　　)

⑥ C국에서는 문화 변동 과정에서 자기 문화의 정체성을 유지하였다. (　　　)

답 ① ○ ② ×(B, C국 → C국) ③ ×(자극 전파 → 발명) ④ ×(식민 통치 상황이라고 모두 강제적 문화 접변으로 보기는 어려움) ⑤ ×(B국 → A, C국) ⑥ ○

문제 해결 전략 문화 변동의 요인과 양상, 결과를 종합적으로 이해해야 해결할 수 있는 문항이다. 문제에 제시된 조건인 문화 요소의 소멸이 없었다는 것에 유의해야 한다.

필수 유형

다음 자료에 대한 분석으로 옳은 것은?

표는 갑국과 을국에서 발생한 문화 변동을 나타낸 것이다. 1차 문화 변동 시기에는 내재적 변동만, 2차 문화 변동 시기에는 갑국과 을국 간 문화 접변만 있었다. (가)~(라)는 각각 발견, 발명, 직접 전파, 자극 전파 중 하나이며, (가)와 (다)는 각각 새로운 문화 요소를 창조하는 요인이다. → (가)는 내재적 변동이면서 창조된 것이므로 **❶**   이다.

〈갑국과 을국의 문화 변동〉 (나)는 발견이다.

구분	변동 전 문화 요소	1차 문화 변동		2차 문화 변동	
		변동 요인	추가된 문화 요소	변동 요인	추가된 문화 요소
갑국	a	(가)	c	(다)	e
을국	b	(나)	d	(라)	a, c

* a~e는 서로 다른 문화 요소를 의미하며, 이외에 다른 문화 요소는 존재하지 않는다.
** 제시된 문화 변동 이외에 다른 문화 변동은 없었으며, 문화 요소의 소멸도 없었다.

(다)는 다른 문화와의 접변에 해당하는데, ←
창조된 것이므로 **❷**   이다.

필수 자료 해석

(가), (나)는 발명, 발견 중 하나이며, (다), (라)는 직접 전파, 자극 전파 중 하나이다. 그런데 2차 문화 변동의 결과 갑국에서는 전에 볼 수 없던 새로운 문화 요소 e가 등장하였으므로 갑국은 문화 변동의 요인 중 **❸**   가 나타났다. 반면, 을국에서는 갑국의 문화 요소가 추가되었는데, 다른 문화 요소의 소멸은 없었기 때문에 을국에서는 문화 변동의 결과 **❹**   이 나타났다고 판단할 수 있다.

目 ❶ 발명 ❷ 자극 전파 ❸ 자극 전파 ❹ 문화 공존(병존)

필수 선택지 위 자료에 대한 분석으로 옳으면 ○표, 틀리면 ×표를 하고 그 까닭을 쓰시오.

① (나)는 을국의 문화 요소를 다양하게 하는 요인이다. (   )

② 2차 문화 변동 결과 갑국, 을국에 공통으로 존재하는 문화 요소는 3개이다. (   )

③ (다)는 (라)와 달리 문화 요소를 다양하게 하는 요인이다. (   )

④ (다)의 과정에서는 발명이 수반된다. (   )

⑤ 을국에서 2차 문화 변동의 결과 기존 문화의 정체성을 상실하였다. (   )

目 ① ○ ② ×(3개 → 2개) ③ ×(다, 라 모두 문화 요소의 다양화에 기여함) ④ ○ ⑤ ×(상실 → 유지)

문제 해결 전략

갑은 임금 격차가 기득권의 유지를 위한 도구로 사용되고 있다고 보며, 을은 임금 격차를 노동 생산성의 차이에 따르는 결과로 보고 있다. 사회 불평등 현상에 대한 기능론과 갈등론의 입장을 구분하는 문제는 자주 출제되는 영역이다.

필수 유형

다음 자료에 대한 분석으로 옳은 것은?

갑: 임금 격차의 원인은 자본가가 만든 불합리한 노동력 평가 기준에 있다. 자본가는 그들만이 정당하다고 판단하는 기준으로 불평등한 임금 체계를 만들어 이윤을 극대화한다.

을: 노동 시장에서 임금 격차가 나타나는 것은 노동 생산성과 관련이 있다. 노동 생산성에 따른 임금의 차등적 지급은 사회 전체의 효율을 증대시킨다.

갑은 임금 격차가 자본가에 의해 만들어진 노동력 평가 기준 때문이라고 보고 있다. 이는 지배 집단이 자신의 기득권 유지를 위해 사회적 자원을 불공평하게 배분한 결과 사회 불평등이 발생한다고 보는 ❶   의 입장이다.

을은 임금 격차가 노동 생산성에 따른 결과로 발생한다고 보고 있다. 이는 사회 불평등 현상이 사회에 대한 기여도의 차이로 인한 것이라고 보는 ❷   의 입장이다.

필수 자료 해석

기능론에서는 개인의 능력이나 ❸   에 따른 차등 분배로 인한 불평등은 구성원들의 성취 동기를 높이며, 사회 유지와 발전을 위해 불가피한 것으로 본다. 반면, 갈등론에서는 사회 불평등 현상이 ❹   의 이익을 위해 사회적 자원을 불공정하게 분배한 결과라고 본다.

답 ❶ 갈등론 **❷** 기능론 **❸** 사회적 기여도 **❹** 지배 집단

필수 선택지

위 자료에 대한 분석으로 옳으면 ○표, 틀리면 ×표를 하고 그 까닭을 쓰시오.

① 갑의 관점은 사회 불평등 현상을 보편적인 현상으로 본다. (   )

② 갑의 관점은 사회 불평등 현상을 개선하기 위해 사회 구조의 개혁이 필요하다고 본다. (   )

③ 갑의 관점은 임금 격차가 개인의 성취 동기를 자극한다고 본다. (   )

④ 을의 관점은 임금 격차가 구성원 간 합의에 의한 결과라고 본다. (   )

⑤ 을의 관점은 균등 분배가 개인의 성취 동기를 자극한다고 본다. (   )

⑥ 을의 관점은 직업 간 사회적 중요도의 우위를 평가하기 어렵다고 본다. (   )

답 ① ×(갑→을) ② ○ ③ ×(갑→을) ④ ○ ⑤ ×(균등→차등) ⑥ ×(을→갑)

문제 해결 전략

사회 불평등 현상에 대해 마르크스로 대표되는 계급론과 베버로 대표되는 계층론을 비교하는 문제이다. 경제적 측면만으로 사회 계층화 현상을 설명하는 계급론과 다원적으로 사회 계층화 현상을 설명하는 계층론의 특징을 구분하는 문제는 자주 출제되는 부분 중 하나이다.

필수 유형

A, B는 사회 계층화 현상을 설명하는 이론이다. 이에 대한 옳은 설명을 〈보기〉에서 고른 것은? (단, A와 B는 각각 계급론과 계층론 중 하나이다.)

A, B는 모두 사회 계층화 현상에 경제적 요인이 작용한다고 본다. 그런데 A는 생산 수단의 소유 여부만을, B는 생산 수단뿐만 아니라 기술이나 자격의 유무 등을 경제적 요인으로 제시한다. 또한 B는 경제적 요인 외에 사회적·정치적 요인도 사회 계층화 현상에 작용한다고 본다.

생산 수단의 소유 여부만으로 계층화 현상을 설명하는 A는 **❶** 이다.

경제적 요인뿐만 아니라 사회적 요인과 정치적 요인도 사회 계층화 현상에 작용한다고 보는 B는 **❷** 이다.

필수 자료 해석

계급론은 생산 수단의 소유 여부만으로 계층화 현상을 설명하기 때문에 **❸** 적 관점이다. 이에 반해, 계층론은 계급, 권력, 지위 등 다양한 요인에 따라 서열화된 위치 혹은 집단으로 계층화를 설명하는 **❹** 적 관점이다.

답 ❶ 계급론 ❷ 계층론 ❸ 일원론 ❹ 다원론

필수 선택지

A, B에 대한 설명으로 옳으면 ○표, 틀리면 ×표를 하고 그 까닭을 쓰시오.

① A는 지위 불일치 현상을 설명하는 데 적합하다. ( )
② A는 동일한 경제적 위계에 속한 구성원 간의 연대 의식을 강조한다. ( )
③ A는 정치적 불평등이 경제적 불평등에 종속된다고 본다. ( )
④ A는 사회 계층화 현상을 연속적으로 서열화된 상태로 본다. ( )
⑤ B는 다원적 측면에서 사회 계층화를 파악한다. ( )
⑥ B는 동일한 위계에 속한 구성원 간의 강한 귀속 의식을 강조한다. ( )
⑦ B는 계급 간 대립으로 인해 필연적으로 사회 변동이 발생한다고 본다. ( )
⑧ B는 계급 의식이 필연적으로 형성되는 것은 아니라고 본다. ( )

답 ① ×(A→B) ② ○ ③ ○ ④ ×(A→B) ⑤ ○ ⑥ ×(B→A) ⑦ ×(B→A) ⑧ ○

문제 해결 전략 사회 계층화 현상을 분석하고 설명하는 이론은 계급론과 계층론이 있다. 두 이론이 갖는 특징을 비교하는 문제가 자주 출제되는데 경제적 측면은 두 이론 모두에서 계층화 현상의 기준으로 사용됨에 유의해야 한다.

필수 유형

(가), (나)는 사회 계층화 현상을 설명하는 서로 다른 이론이다. 이에 대한 옳은 설명을 〈보기〉에서 고른 것은?

(가) 사회 구조 차원에서 볼 때, 부·명예·권력의 분배가 똑같은 원칙에 의해 결정되는 것은 아니다. 가령 명예의 분배는 시장의 작동 원리뿐만 아니라 사회적 관습이나 가치관에 의해서도 결정된다. 어떤 경우, 명예를 중시하는 사람들은 돈이 많다고 자랑하는 사람들을 멸시하기도 한다.

(나) 자본주의 사회의 불평등 구조 배후에는 자본, 기계, 원료 등 생산에 필요한 물질에 대한 소유 여부가 존재한다. 이를 소유한 집단은 그들의 이익을 정당화하는 관념을 마치 사회의 보편적 가치인 것처럼 모든 구성원에게 주입한다.

(가)는 사회의 계층화가 다원적으로 이루어진다고 보고 있다. 경제적 측면, 사회적 측면, 정치적 측면에서 서로 불일치한 계층을 갖게 될 수 있다. 이는 **❶** 의 입장에서 보는 설명이다.

(나)에서는 생산 수단의 소유 여부만으로 사회 계층이 정해진다고 본다. 이는 **❷** 의 입장에서 보는 설명이다.

필수 자료 해석

계급론은 생산 수단의 소유 여부만으로 계층화 현상을 설명하기 때문에 **❸** 적 관점, 계층론은 계급, 권력, 지위 등 다양한 요인에 따라 서열화된 위치 혹은 집단으로 계층화를 설명하는 **❹** 적 관점이다.

🔑 ❶ 계층론 ❷ 계급론 ❸ 일원론 ❹ 다원론

필수 선택지 (가), (나)에 대한 설명으로 옳으면 ○표, 틀리면 ×표를 하고 그 까닭을 쓰시오.

① (가)는 이분화된 불평등 구조를 설명하기에 용이하다. (　　)

② (가)는 지위 불일치 현상을 설명하는 데 적합하다. (　　)

③ (가)는 (나)와 달리 사회 불평등 현상에 경제적 요인이 작용한다고 본다. (　　)

④ (나)는 사회 계층 구조를 연속선상에 서열화된 상태로 본다. (　　)

⑤ (나)는 사회 계층화 현상을 다원론적 관점에서 접근한다. (　　)

⑥ (나)는 사회 계층화가 경제적 불평등에 종속된다고 본다. (　　)

🔑 ① ×(가→나) ②○ ③ ×(가, 나 모두 해당됨) ④ ×(나→가) ⑤ ×(다원론→일원론) ⑥○

21 사회 불평등 현상 4

문제 해결 전략 사회 불평등 현상과 관련하여 통계 자료를 제시하고 이를 분석·해석하는 문항이다. 통계 자료를 분석할 때, 문제에 제시된 조건을 명확하게 이해하고 문제를 해결해야 한다.

필수 유형

그래프에 대한 옳은 분석만을 〈보기〉에서 고른 것은?

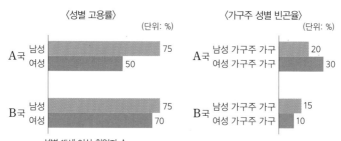

〈성별 고용률〉 (단위: %)

A국 남성 75 / 여성 50

B국 남성 75 / 여성 70

〈가구주 성별 빈곤율〉 (단위: %)

A국 남성 가구주 가구 20 / 여성 가구주 가구 30

B국 남성 가구주 가구 15 / 여성 가구주 가구 10

* 성별 고용률(%) = $\dfrac{\text{성별 15세 이상 취업자 수}}{\text{성별 15세 이상 인구}} \times 100$

** 가구주 성별 빈곤율(%) = $\dfrac{\text{가구주 성별 빈곤 가구 수}}{\text{가구주 성별 가구 수}} \times 100$

*** A국과 B국 모두 남성 가구주 가구 수가 여성 가구주 가구 수보다 많음.

A국의 남성 고용률이 75%이고, B국의 남성 고용률도 75%이다. 그러나 두 국가의 남성 고용률이 같다고 해서 각국의 남성 취업자 수가 **❶** 한 것은 아니다.

A국의 경우 남성의 고용률이 여성의 고용률에 비해 1.5배 높지만, 이것을 통해 남성 취업자 수가 여성 취업자 수에 비해 1.5배 많은 것은 아니다. 왜냐하면 **❷** 때문이다.

필수 자료 해석

제시된 자료에서 남성 가구주 가구 수가 여성 가구주 가구 수보다 많기 때문에, B국의 경우 빈곤 남성 가구주 가구가 빈곤 여성 가구주 가구보다 **❸** 을 알 수 있다. 그러나 A국의 경우는 빈곤 남성 가구주 가구 수와 빈곤 여성 가구주 가구 수를 **❹** .

답 ❶ 동일 ❷ A국 내 남성 취업자와 여성 취업자 수를 알 수 없기 ❸ 많음 ❹ 비교할 수 없다

필수 선택지 위 그래프에 대한 분석으로 옳으면 ○표, 틀리면 ×표를 하고 그 까닭을 쓰시오.

① B국의 15세 이상 남성 중, 취업자 수는 취업자가 아닌 사람 수의 3배이다. (　　)

② A국은 전체 가구의 50%가 빈곤 가구에 해당한다. (　　)

③ B국의 빈곤 가구 중, 남성 가구주 가구 수가 여성 가구주 가구 수보다 많다. (　　)

답 ① ○ ② ×(30% 미만임) ③ ○

사회 불평등 현상 5

성별 근로자 월 평균 임금이 직접 제시되어 있는 문항으로 비교적 단순하게 출제되었다. 그러나 자료를 통해 판단할 수 있는 부분이 어디까지인지를 명확하게 인지해야 문제를 해결할 수 있다.

필수 유형

표에 대한 분석으로 옳은 것은? (단, 각 국가 내에서 남성 근로자 수와 여성 근로자 수는 같다.)

〈성별 근로자 월 평균 임금〉

(단위: 달러)

구분	갑국	을국	병국
남성 근로자	3,400	3,800	4,000
여성 근로자	2,600	2,800	2,800

세 국가의 남성 근로자의 임금이 여성 근로자의 임금보다 많다. 남성 근로자와 여성 근로자의 수가 같으므로, 평균 값으로 성별 근로자의 임금 총액을 비교할 수 ❶ _____ .

갑국의 여성 근로자 평균 임금은 남성 근로자 평균 임금의 약 ❷ _____ %이다. 을국의 경우 약 ❸ _____ %, 병국의 경우 약 70%이다.

필수 자료 해석

성별 평균 임금이 제시되어 있기 때문에 세 국가의 성별 임금 격차를 추론할 수 있다. 예를 들어, 갑국의 여성 근로자 평균 임금은 남성 근로자 평균 임금의 75% 수준을 넘는 반면, 병국의 경우 ❹ _____ %이므로 병국의 성별 임금 격차의 수준이 더 큰 것을 추론할 수 있다.

답 ❶ 있다 ❷ 76 ❸ 74 ❹ 70

위 표에 대한 분석으로 옳으면 ○표, 틀리면 ×표를 하고 그 까닭을 쓰시오.

① 갑국에서 여성 근로자 월 평균 임금은 전체 근로자 월 평균 임금의 90% 수준을 넘는다. ( )

② 을국의 남성 근로자 임금 총액은 여성 근로자 임금 총액보다 많다. ( )

③ 병국에서 남성 근로자 월 평균 임금은 전체 근로자 월 평균 임금보다 800달러 많다. ( )

④ 남성 근로자 월 평균 임금에 대한 여성 근로자 월 평균 임금의 비는 을국이 병국보다 크다. ( )

⑤ 평균 임금 대비 여성 근로자의 월 평균 임금의 수준이 가장 높은 나라는 갑국이다.

( )

답 ① ×(평균은 3,000달러이므로 90%에 미치지 못함) ②○ ③×(800→600) ④○ ⑤○

23 사회 계층 이동 1

문제 해결 전략

제시된 자료를 통해 시기별 계층 구성 비율을 파악하고, 각 시기의 특징을 추론해야 한다. 계층 이동에 대한 문항은 과거에 굉장히 많이 출제되었지만, 최근에는 계층 구조의 특징을 이해하도록 요구하는 문제가 주로 출제되는 편이다.

필수 유형

그림은 갑국의 시기별 계층 구성 비율을 나타낸 것이다. 이에 대한 분석으로 옳은 것은? (단, 갑국의 계층은 상층, 중층, 하층으로만 구성되며, 각 시기별 조사 대상은 동일하다.)

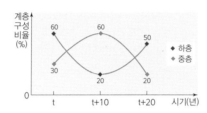

각 시기별 상층, 중층, 하층의 구성 비율은 아래 표와 같다.

구분	t시기	t+10시기	t+20시기
상층	10	20	30
중층	30	60	20
하층	60	20	50

t시기에는 **①** [   ] 계층 구조, t+10시기에는 **②** [   ] 계층 구조임을 알 수 있다.

필수 자료 해석

전통적인 신분제 사회나 오늘날의 저개발 국가에서는 주로 **③** [   ] 계층 구조가 나타나는 경향이 있고, **④** [   ] 계층 구조는 중층이 완충 역할을 하므로 비교적 안정된 사회의 모습을 갖는다.

팁 ① 피라미드형 **②** 다이아몬드형 **③** 피라미드형 **④** 다이아몬드형

필수 선택지

위 자료에 대한 분석으로 옳으면 ○표, 틀리면 ×표를 하고 그 까닭을 쓰시오.

① t년의 상층은 t+10년에도 상층에 속한다. (   )

② t년 대비 t+20년에 상층의 비율은 3배가 되었다. (   )

③ 상층과 하층의 비율 차이는 t년보다 t+10년이 크다. (   )

④ t+10년보다 t+20년이 사회 통합에 더 유리한 계층 구조이다. (   )

팁 ① ×(상층의 구성 비율이 같음이 구성원이 같다는 것을 의미하는 것은 아님) **②** ○ **③** ×(크다 → 작다) **④** ×(유리한 → 불리한)

문제 해결 전략

사회 계층 이동과 관련해서 기존에는 표 분석 문제의 형태로 많이 출제가 되었는데, 최근에는 개념을 묻기 위한 방향으로 출제의 패턴이 변화하고 있다. 따라서 제시된 자료의 의미를 정확히 파악하기만 하면 문제를 쉽게 해결할 수 있다.

필수 유형

다음 자료에 대한 분석으로 옳은 것은?

그림은 갑국과 을국의 자녀 세대를 대상으로 본인의 계층과 본인의 어머니 또는 아버지의 계층을 전수 조사한 것이다. 계층은 상층, 중층, 하층으로만 구성된다. 부모 세대에서 부부의 계층은 동일하며, 모든 부모의 자녀는 1명씩이다.

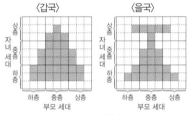

* 음영 부분 면적의 크기는 사람 수에 비례하며, 각 ■칸의 면적은 동일하다.

갑국은 음영 부분이 31칸, 을국은 25칸이다. 이를 통해 조사 대상의 수가 갑국이 을국에 비해 더 많다는 것을 알 수 있다. 갑국에서 자녀가 상층인 경우 부모는 모두 중층이다. 을국에서는 자녀가 상층인 경우 부모 세대와 계층이 같은 경우가 **❶**   . 부모의 계층에 비해 상승 이동한 경우가 **❷**   이다. 이와 같은 방식으로 여러 가지 정보를 추론할 수 있다.

필수 자료 해석

부모 계층과 자녀 계층의 조합에 따른 구성 비율 자료를 해석하여 선택지에 적용시키는 문제로 복잡해 보이지만, 사실은 단순한 문제이다. 예를 들어, 갑국의 경우 자녀 세대에 상층인 구성원 모두는 부모 세대에 비해 **❸**   이동하였는데, 부모 세대의 계층은 모두 **❹**   이다.

답 ❶ 1/6 ❷ 5/6 ❸ 상승 ❹ 중층

필수 선택지

자료에 대한 분석으로 옳으면 ○표, 틀리면 ×표를 하고 그 까닭을 쓰시오.

① 갑국과 을국 모두 세대 간 상승 이동이 나타났다. (　　　)

② 갑국은 을국과 달리 세대 간 하강 이동이 나타났다. (　　　)

③ 갑국의 부모 세대에서는 다이아몬드형의 계층 구조가 나타났다. (　　　)

④ 갑국에서 부모의 계층을 대물림 받은 자녀는 하층에서 가장 많다. (　　　)

답 ① ○ ② ×(갑국, 을국 모두 하강 이동이 나타남) ③ ○ ④ ×(하층 → 중층)

사실 인권과 관련된 내용은 사회·문화 과목에서 매우 중요하지만, 문제로 출제되는 빈도가 높은 편은 아니다. 따라서 사회적 약자에 대한 우대 조치나 사회적 소수자의 유형 등 기본 개념만 알고 있으면 제시문에서 충분히 해결 가능하다.

필수 유형

다음 자료의 A~D에 대한 설명으로 옳은 것은?

 인권 다큐멘터리 영화제 주요 작품 소개

A: 갑국에서 대다수의 어린 여자아이들이 단지 여자라는 이유만으로 취학을 하지 못하는 실상을 추적한 작품 ➡ 성차별로 인한 문제

B: 을국에서 정부에 고용 안정과 처우 개선을 요구하는 비정규직 노동자들의 목소리를 담은 작품 ➡ 비정규직 노동자들의 고용과 관련된 문제

C: 병국의 지배 세력에게 억압과 착취를 당하는 병국 내 소수 민족의 아픔을 표현한 작품 ➡ 소수 민족에 대한 차별

D: 정국에서 새로운 정보 기기를 잘 다루지 못하는 노인들이 겪고 있는 여러 가지 어려움을 취재한 작품 ➡ 사회 변동에 적응하지 못함으로써 생기는 노인 세대의 어려움

필수 자료 해석

갑국에서 발생하고 있는 **❶** 은 인간의 선천적 요인으로 결정되는 성에 따른 차별이다. 을국에서 발생하고 있는 **❷** 들에 대한 차별은 어떤 사회에서의 차별이 절대적인 수의 많고 적음에 따라 이루어지는 것은 아님을 보여 준다. 정국에서 일어나는 노인들의 어려움은 기술의 발달에 적응하는 정도의 차이에 따른 것으로 **❸** 가 진행될수록 더욱 부각될 문제이다.

답 ❶ 성차별 **❷** 비정규직 노동자 **❸** 노령화

필수 선택지

위 자료에 대한 설명으로 옳으면 ○표, 틀리면 ×표를 하고 그 까닭을 쓰시오.

① A는 B와 달리 인간의 선천적 요인으로 인한 차별을 다룬 작품이다. (　　)

② B에서 차별은 해당 집단의 구성원이 소수이기 때문에 발생하는 것이다. (　　)

③ C는 연령에 따라 처우가 달라지는 차별을 다룬 작품이다. (　　)

④ D에서 나타나는 문제는 노령화가 진전될수록 더욱 부각될 것으로 보인다. (　　)

⑤ A와 C는 사회적 소수자에 대한 차별을 다룬다. (　　)

답 ① ○ ② ×(항상 구성원의 절대적인 수가 소수인 것은 아님) ③ ×(C → D) ④ ○ ⑤ ○

문제 해결 전략 빈곤은 절대적 빈곤과 상대적 빈곤 두 가지 차원으로 구분된다. 절대적 빈곤과 상대적 빈곤의 정의를 바탕으로 각각의 특징을 도출해 내는 문제가 주로 출제된다.

필수 유형

빈곤 유형 (가), (나)에 대한 옳은 설명만을 〈보기〉에서 고른 것은? (단, (가)와 (나)는 각각 절대적 빈곤, 상대적 빈곤 중 하나이다.)

(가) 생존 및 생계유지에 필수적인 자원이나 자원을 확보하는 데 필요한 소득이 부족한 상태

(나) 한 사회에서 구성원들이 일반적으로 누리는 생활 수준에 필요한 소득이 부족한 상태

(가)는 소득이 인간다운 최저 생활을 유지하는 데 필요한 기준에 미치지 못한 상태인 **❶**　　　이다.

(나)는 사회의 전반적인 소득 수준과 대비하여 소득 수준이 낮은 상태를 의미하는 **❷**　　　이다.

필수 자료 해석

빈곤은 인간의 기본적 욕구와 관련된 물질적 결핍이 만성적으로 지속되는 경제적 상태이다. 빈곤은 절대적 빈곤과 상대적 빈곤으로 구분된다. **❸**　　　은 인간의 기본적인 욕구 충족을 위한 자원이 심각하게 부족한 상태이다. 한편, 대부분의 국가에서 소득이 **❹**　　　의 일정 비율에 못 미치는 가구를 상대적 빈곤 가구로 파악한다.

답 ❶ 절대적 빈곤 ❷ 상대적 빈곤 ❸ 절대적 빈곤 ❹ 중위 소득

필수 선택지 (가), (나)에 대한 설명으로 옳으면 ○표, 틀리면 ×표를 하고 그 까닭을 쓰시오.

① (가)에 속하지 않는 가구도 (나)에 속할 수 있다. (　　)

② (가)의 판단 기준으로 우리나라에서는 최저 임금액을 기준으로 활용한다. (　　)

③ 상대적 박탈감은 (나)보다는 (가)에 의해 발생한다. (　　)

④ (가)는 우리나라에서 객관화된 기준에 의해 분류된다. (　　)

⑤ 우리나라의 경우 (나)의 기준선은 중위 소득의 50%이다. (　　)

⑥ (나)는 소득 수준이 높은 국가에서는 나타나지 않는다. (　　)

⑦ (나)에 해당하는 모든 가구는 (가)에 해당한다. (　　)

답 ① ×(가의 빈곤과 나의 빈곤은 별개임) ② ×(최저 임금액 → 최저 생계비) ③ ×(가 → 나) ④ ○ ⑤ ○ ⑥ ×(상대적 빈곤은 소득 수준이 높은 국가에서도 나타남) ⑦ ×(모든 상대적 빈곤 가구가 절대적 빈곤 상태인 것은 아님)

27 사회 복지와 복지 제도 1

문제 해결 전략

사회 보험은 강제 가입을 원칙으로 사전 예방적 차원의 목적을 위해 시행되며, 공공 부조는 생활 능력이 없거나 생활이 어려운 국민의 최저 생활을 보장하는 것을 목적으로 한다. 이 두 가지 복지 제도와 함께 비금전적인 지원을 통해 이루어지는 사회 서비스를 포함한 복지 제도의 특징을 묻는 문제가 주로 출제된다.

필수 유형

우리나라 사회 보장 제도의 유형 (가)~(다)의 일반적인 특징에 대한 설명으로 옳은 것은? (단, (가)~(다)는 각각 공공 부조, 사회 보험, 사회 서비스 중 하나이다.)

> **복지 상담 Q&A** 🔍
>
> 이번 수해로 집이 침수되었고 어머니께서 다니던 회사마저도 폐업했습니다. 아직 중학생인 동생도 있는데 어떻게 하면 좋을까요? → 사회 보험
> ㄴ 재직 중 어머니는 [(가)]에 가입되었을 거예요. 고용 센터에서 실업 급여를 신청하세요.
> ㄴ [(나)]에는 소득과 재산을 기준으로 하여, 최저 생활 보장을 위해 필요한 급여를 지원하는 제도들이 있어요. → 공공 부조
> ㄴ 예민한 시기의 동생이 걱정되네요. [(다)]에는 청소년의 심리 상담 지원 사업이 있어요. 본인 부담금이 발생할 수 있어요.
> → 사회 서비스

필수 자료 해석

우리나라의 사회 복지 제도는 공공 부조, 사회 보험, 사회 서비스로 구분된다. **❶**⬚⬚⬚는 기초 연금, 국민 기초 생활 보장 제도 등이 있다. **❷**⬚⬚⬚은 강제 가입을 원칙으로 하는데 국민 연금, 고용 보험, 산재 보험, 국민 건강 보험, 노인 장기 요양 보험이 있다. **❸**⬚⬚⬚는 비금전적인 지원을 통해 자활 능력을 길러 주고 의료, 교육, 고용, 주거, 문화 등의 분야에서 도움을 주기 위한 것이다.

🔒 ❶ 공공 부조 ❷ 사회 보험 ❸ 사회 서비스

필수 선택지

(가)~(다)에 대한 설명으로 옳으면 ○표, 틀리면 ✕표를 하고 그 까닭을 쓰시오.

① (가)는 상호 부조의 성격을 갖는다. (　　)
② (가)는 가입자의 수혜 정도에 따라 비용이 산출된다. (　　)
③ (나)는 소득을 재분배하는 효과를 갖는다. (　　)
④ 노인 돌봄 서비스와 장애인 활동 지원은 (다)의 사례이다. (　　)
⑤ (다)를 통한 보장은 금전적인 지원이 주를 이룬다. (　　)

🔒 ① ○ ② ✕(수혜와 관련없이 소득이나 재산을 기준으로 비용이 산정됨) ③ ○ ④ ○ ⑤ ✕(다 → 가, 나)

28 사회 복지와 복지 제도 2

문제 해결 전략 사회 복지 제도의 유형과 특징에 대한 이해를 바탕으로 가상으로 구성된 사회에서 혜택을 받는 가구 비율 자료에 대해 해석해야 한다. 사회 복지 제도와 관련 통계 자료를 활용한 문제가 자주 출제된다.

필수 유형

다음 자료에 대한 분석으로 옳은 것은? (단, A~C는 각각 사회 보험, 공공 부조, 사회 서비스 중 하나이다.)

우리나라 사회 보장 제도 유형 A~C 중 A는 B와 ┌─▶ B – 사회 서비스┐ 달리 금전적 지원을 원칙으로 한다. 또한, C는 A와 달리 상호 부조의 원리가 적용된다. 우리나라 (가), (나) 지역의 모든 가구는 A~C 중 한 가지 이상의 혜택을 받고 있으며, 지역별 중복 수혜 가구 비율은 다음과 같다.
└─▶ A – 공공 부조, C – 사회 보험

(단위: %)

구분	(가) 지역	(나) 지역
A와 B의 중복 수혜 가구	10	20
A와 C의 중복 수혜 가구	6	9
B와 C의 중복 수혜 가구	50	45

* (가) 지역의 각 수치에는 A, B, C 중복 수혜 가구 비율(2%)이, (나) 지역의 각 수치에는 A, B, C 중복 수혜 가구 비율(5%)이 포함되어 있다.

필수 자료 해석

사회 복지 제도의 특징으로 어떤 사회 복지 제도인지를 판단해야 한다. **❶**⬚ 은 사전 예방적 성격을 갖고 강제 가입을 원칙으로 한다. 공공 부조는 **❷**⬚ 성격을 지니며, 수혜자와 비용 부담자가 일치하지 않는다. **❸**⬚ 는 비금전적 지원을 원칙으로 한다.

🔲 ❶ 사회 보험 ❷ 사후 처방적 ❸ 사회 서비스

필수 선택지 위 자료에 대한 분석으로 옳으면 ○표, 틀리면 ×표를 하고 그 까닭을 쓰시오.

① A는 사전 예방적 성격을 갖는다. (　　)

② B는 강제 가입을 통해 운영된다. (　　)

③ C는 가입자 간 상호 부조의 성격을 지닌다. (　　)

④ 공공 부조 외에 다른 두 가지를 중복하여 혜택을 받는 가구의 비율은 (가) 지역이 (나) 지역보다 크다. (　　)

⑤ 공공 부조와 사회 보험의 혜택을 모두 받지만, 사회 서비스의 혜택은 받지 않는 가구의 비율은 (가), (나) 지역이 같다. (　　)

🔲 ① ×(A→C) ② ×(B→C) ③ ○ ④ ○ ⑤ ○

29 사회 복지와 복지 제도 3

문제 해결 전략 사회 복지와 관련하여 통계 자료를 제시하고 이를 분석·해석하는 문항이다. A 지역과 B 지역의 인구 수가 제시되어 있기 때문에 비교적 쉽게 해결할 수 있다.

필수 유형

자료에 대한 분석으로 옳은 것은?

표는 우리나라 갑 권역의 65세 이상 인구 중 국민 연금 제도와 기초 연금 제도의 수급 자 비율을 나타낸 것이다. 갑 권역은 A지역과 B지역으로만 구분되고, 65세 이상 인구 는 A지역이 4만 명, B지역이 2만 명이다.

(단위: %)

구분	A지역	B지역
국민 연금 수급자	60	80
기초 연금 수급자	40	30

A지역의 경우 65세 이상 인구 중 국민 연금 수급자는 **❶** 명, 기초 연금 수급자 수는 **❷** 명이다.

국민 연금은 사회 보험에 해당하며, 기초 연금은 공공 부조에 해당한다.

필수 자료 해석

두 지역의 65세 이상의 인구가 제시되어 있고, 이에 따르면 A지역의 국민 연금 수급자 수가 B지역의 국민 연금 수급자 수보다 **❸** 명 더 많다. 두 지역의 기초 연금 수급자 수의 차이는 **❹** 명 이다.

답 ❶ 2만 4천 명 **❷** 1만 6천 명 **❸** 8천 명 **❹** 1만 명

필수 선택지 위 자료에 대한 분석으로 옳으면 ○표, 틀리면 ×표를 하고 그 까닭을 쓰시오.

① A지역의 국민 연금 수급자 수는 B지역보다 많다. (　　)

② 갑 권역의 국민 연금 수급자 비율은 70%보다 크다. (　　)

③ 65세 이상 인구 중 기초 연금 수급자 수는 A지역이 B지역의 2배보다 적다. (　　)

④ 두 종류 연금을 모두 수령하는 사람의 수는 B지역이 더 많다. (　　)

⑤ 사회 보험에 해당하는 제도의 수급자 비율은 A지역이 B지역보다 높다. (　　)

⑥ 갑 권역에서 선별적 복지 이념에 기초한 제도의 수급자 비율은 70%이다. (　　)

⑦ 갑 권역에서 의무 가입의 원칙이 적용되는 제도의 수급자 비율은 70%이다. (　　)

⑧ 갑 권역에서 강제적 가입을 원칙으로 하는 제도의 수급자 수가 4만명이다. (　　)

답 ① ○ ② ×(크다 → 작다) ③ ×(적다 → 많다) ④ ×(알 수 없음) ⑤ ×(높다 → 낮다) ⑥ ×(6만 명 중 2만 2천명) ⑦ ×(70% → 약 67%) ⑧ ○

문제 해결 전략

사회 복지 제도와 관련된 통계 문제는 개념에 대한 이해와 더불어 통계 자료에 대한 분석력을 갖추어야 한다. 한 집단의 평균 값과 집단 내의 두 그룹 각각의 평균 값을 통해 그룹 간 비율을 추론할 수 있다.

필수 유형

다음 자료에 대한 분석으로 옳은 것은?

표는 우리나라 사회 보장 제도와 동일한 갑국의 사회 보장 제도 (가), (나)의 수급자 비율을 나타낸 것이다. (가)는 노인의 생활 안정과 복지 증진을 위해 소득 인정액이 일정 수준 이하인 65세 이상 노인에게 연금을 지급하는 제도이다. 반면 (나)는 고령이나 노인성 질병 등의 사유로 일상생활을 혼자 수행하기 어려운 노인 등에게 신체 활동 및 가사 활동 지원 등에 필요한 장기 요양 급여를 제공하는 제도이다.

(단위: %)

구분	t년		t+30년	
	(가)	(나)	(가)	(나)
남성	4.3	4.5	4.2	4.5
여성	6.4	6.9	2.6	3.5
전체	5.0	5.3	3.4	4.0

* t년과 t+30년의 갑국 전체 인구는 동일함.
** 해당 집단의 수급자 비율(%)=(해당 집단의 수급자 수/해당 집단의 인구)×100

(가)는 노령 연금으로 우리나라 사회 보장 제도 중 ❶▢▢▢▢, (나)는 노인 장기 요양 보험으로 우리나라 사회 보장 제도 중 ❷▢▢▢▢이다.

t년에 (가)의 경우 전체 비율이 여성 비율보다 남성 비율에 가깝다. 이는 남성 인구가 여성 인구보다 ❸▢▢▢을 의미한다.

필수 자료 해석

t년에 남성 중 4.3%가 (가)의 수급자이고 여성 중 6.4%가 (가)의 수급자이다. 그런데 전체 인구의 5%가 수급자이기 때문에 남성이 여성에 비해 ❹▢▢ 배 많음을 추론할 수 있다. 같은 방식으로 추론하면 t+30년에는 남성과 여성의 수가 같다는 것을 알 수 있다.

탑 ❶ 공공 부조 ❷ 사회 보험 ❸ 많음 ❹ 2

필수 선택지

위 자료에 대한 분석으로 옳으면 ○표, 틀리면 ×표를 하고 그 까닭을 쓰시오.

① t+30년에는 t년에 비해 여성의 수가 증가하였다. (　　)

② t+30년의 남성의 수가 t년에 비해 많다. (　　)

탑 ① ○ ② ×(많다 → 적다)

31 사회 변동 이론 1

문제 해결 전략 사회 변동에 대해 진화론은 미개 사회에서 문명 사회로의 진보로, 순환론은 순환적 변동으로 본다. 두 이론에 대해 비교하는 문제는 거의 빠지지 않고 출제되고 있다.

필수 유형

사회 변동 이론 A, B에 대한 옳은 설명만을 〈보기〉에서 고른 것은? (단, A, B는 각각 순환론과 진화론 중 하나이다.)

질문 \ 이론	A	B
사회는 생성과 몰락의 과정을 반복하는가?	예	아니요
사회 변동은 일정한 방향을 가지고 있는가?	㉠	㉡
(가)	아니요	예

사회가 생명을 가진 유기체와 마찬가지로 생성, 성장, 쇠퇴, 해체를 반복한다고 보는 A는 **❶** 이다. 따라서 B는 **❷** 이다. 사회 변동이 일정한 방향을 가지는가에 대해 순환론은 '아니요', 진화론은 '예' 라고 답할 것이다.

필수 자료 해석

진화론에서 사회 변동은 곧 **❸** 를 의미한다. 진화론에 따르면 사회는 단순하고 미분화된 상태에서 복 잡하고 분화된 상태를 향해 변화한다고 본다. 반면, 순환론에서는 현대 사회가 과거 사회보다 모든 면에서 우월 하다고 보지는 않는다. 즉, 사회는 진보와 퇴보를 거치며 **❹** 인 변동을 반복한다.

답 ❶ 순환론 **❷** 진화론 **❸** 진보 **❹** 순환적

필수 선택지

A, B에 대한 설명으로 옳으면 ○표, 틀리면 ×표를 하고 그 까닭을 쓰시오.

① A는 사회 변동을 긍정적으로 바라본다. (   )
② A는 미래의 사회 변동에 대한 역동적 대응이 곤란하다는 비판을 받는다. (   )
③ ㉠은 '아니요', ㉡은 '예'이다. (   )
④ A는 사회 변동을 동일한 과정의 주기적 반복으로 설명한다. (   )
⑤ B는 A와 달리 모든 사회 변동을 진보의 과정으로 본다. (   )
⑥ B는 A에 비해 과거에 비해 퇴보한 사회의 변동을 설명하기에 적합하다. (   )
⑦ B는 현대 사회가 과거 사회에 비해 우월하다고 본다. (   )

답 ① ×(A→B) ② ○ ③ ○ ④ ○ ⑤ ○ ⑥ ×(B→A) ⑦ ○

32 사회 변동 이론 2

문제 해결 전략

진화론과 순환론은 모두 사회는 고정 불변하지 않고 끊임없이 변동함을 전제로 사회 변동에 대해 설명한다. 두 이론의 차이점을 도출하는 문제가 주로 출제된다.

필수 유형

사회 변동을 설명하는 이론 A, B에 대한 옳은 설명만을 〈보기〉에서 고른 것은? (단, A, B는 각각 진화론, 순환론 중 하나이다.)

A를 지지하는 학자들은 "선진국의 오늘의 모습은 개발도상국의 내일의 모습이다."라며 사회 변동을 하나의 목표로 향하는 진보와 발전으로 설명한다. 이에 대해 B를 지지하는 학자들은 사회 변동이 늘 발전을 의미하는 것은 아니며, 모든 사회 변동이 반드시 같은 방향으로 진행되는 것은 아니라는 점을 지적한다.

A는 사회 변동을 진보와 발전의 과정으로 본다. 생물이 진화하듯이 사회도 단순한 사회에서 복잡한 형태로 일정한 방향성을 갖고 변한다는 것이다. 이는 **❶** 이다.

B는 사회 변동이 항상 같은 방향으로 진행되는 것이 아니라고 본다. 즉, 쇠퇴나 소멸을 겪을 수도 있다고 보는 것이다. 이는 **❷** 에 해당된다.

필수 자료 해석

순환론과 진화론은 사회가 어떤 방향으로 변화하는가를 중심으로 사회 변동을 설명하는 이론이다. 진화론은 사회는 항상 진보하며 생물의 진화와 마찬가지로 끊임없이 **❸** 한다고 본다. 반면, 순환론은 생명을 가진 유기체의 일생처럼 생성, **❹** , 쇠퇴, 소멸의 과정을 반복한다고 본다.

❶ 진화론 **❷** 순환론 **❸** 발전 **❹** 성장

필수 선택지

A, B에 대한 설명으로 옳으면 ○표, 틀리면 ×표를 하고 그 까닭을 쓰시오.

① A는 사회 변동이 주기적으로 동일한 과정을 반복한다고 본다. (　　)

② A는 사회가 이전보다 복잡하고 분화된 모습으로 변동한다고 본다. (　　)

③ A는 사회 변동을 서구 중심적 사고에 바탕을 두어 설명한다. (　　)

④ A는 미래 사회의 변동 방향을 예측하기 어렵다고 본다. (　　)

⑤ B는 제국주의를 정당화하는 근거로 사용된다. (　　)

⑥ B는 사회 변동 과정에서 문명이 퇴보할 수 있다고 본다. (　　)

⑦ B는 사회의 모습이 고정 불변한다는 점을 강조한다. (　　)

⑧ A는 진화론, B는 순환론이다. (　　)

답 ① ×(A → B) ② ○ ③ ○ ④ ×(A → B) ⑤ ×(B → A) ⑥ ○ ⑦ ×(두 이론 모두 사회는 지속적으로 변동한다고 전제함) ⑧ ○

문제 해결 전략 | 사회 운동은 구체적인 사회 문제를 해결하거나 체제를 근본적으로 변혁하기 위한 자발적이고 집단적인 행위이다. 이러한 사회 운동이 갖는 특징을 사례를 통해 도출하는 문제가 주로 출제된다.

필수 유형

밑줄 친 ㉠~㉟에 대한 옳은 설명만을 〈보기〉에서 고른 것은?

㉠사회 운동은 특정 목적의 달성을 위해 의도적·조직적·지속적인 형태로 이루어지는 집합 행동을 의미한다. 예를 들어 노동자의 권익 향상을 위해 ㉡시민 단체가 집회를 전개한 결과, 노동자 관련 ㉢법 조항 중 일부가 개정되어 인권이 강화된 경우를 들 수 있다. 또한 국민을 착취하고 억압하는 정부에 대한 ㉣반정부 시위가 ㉤혁명으로 이어져 민주적 선거를 통해 ㉥새로운 정부가 구성된 경우도 이에 해당한다.

제시된 자료에서 ㉡은 사회 운동을 통해 ㉢을 실현했고, ㉣은 ㉤으로 이어져 ㉥과 같은 결과를 낳기도 한다. ㉣과 같은 사회 운동은 뚜렷한 목표와 **❶** [   ] 이 있으며, 구성원 간에 비교적 지속적인 **❷** [   ] 으로 이루어진다.

필수 자료 해석

제시된 자료에서처럼 노동자의 권익 향상을 위한 시민 단체의 집회나 반정부 시위는 구체적인 사회 문제를 해결하거나 사회 체제를 근본적으로 변화하기 위해 대중이 자발적으로 하는 집단적이고 지속적인 행위인 **❸** [   ] 에 해당한다. 이는 신념과 가치를 실현하기 위해 다수의 사람이 명확한 목표를 가지고 조직적으로 움직이는 **❹** [   ] 이다.

답 ❶ 이념(신념) ❷ 상호 작용 ❸ 사회 운동 ❹ 집단 행동

필수 선택지 | **㉠~㉥에 대한 설명으로 옳으면 ○표, 틀리면 ×표를 하고 그 까닭을 쓰시오.**

① ㉠으로 인해 사회 변동의 속도가 늦어질 수도 있다. (   )

② ㉠은 공통된 목표를 실현하기 위해 일어난다. (   )

③ 일시적으로 이루어지는 군중의 집단 행동도 ㉠에 포함된다. (   )

④ ㉡의 활동은 ㉣이 수반될 때 정당성을 갖게 된다. (   )

⑤ ㉢은 ㉤에 비해 급진적인 변동을 추구한다. (   )

⑥ ㉢으로 인해 사회 질서가 변동되었다. (   )

⑦ ㉡이 주도한 집회와 ㉤은 모두 ㉠에 포함된다. (   )

⑧ ㉥으로 인해 기존의 사회 질서는 파괴되었다. (   )

답 ① ○ ② ○ ③ ×(사회 운동은 지속성이 요구됨) ④ ×(시민 단체의 사회 운동이 시위를 전제로 하는 것은 아님) ⑤ ×(㉤이 급진적인 변동 추구) ⑥ ○ ⑦ ○ ⑧ ○

34 현대 사회의 변동 1

문제 해결 전략 농업 사회가 산업 사회를 거쳐 정보 사회로 고도화됨에 따라 다양한 변화가 나타나게 되었다. 각각의 사회가 갖는 특징을 묻는 문제가 주로 출제된다.

필수 유형

그림은 A~C의 일반적인 특징을 비교한 것이다. 이에 대한 설명으로 옳은 것은? (단, A~C는 각각 농업 사회, 산업 사회, 정보 사회 중 하나이다.)

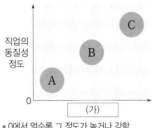

*0에서 멀수록 그 정도가 높거나 강함.

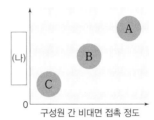

직업의 동질성 정도가 가장 높은 C는 **❶** 이다. 이는 구성원 간의 비대면 접촉 정도가 가장 낮음을 통해서도 알 수 있다. 반면, A는 직업의 동질성 정도가 가장 낮은데, 직업의 분화가 고도화된 것으로 보아 **❷** 에 해당하는 것을 알 수 있다. B는 산업 사회에 해당한다.

필수 자료 해석

농업 사회는 직업의 분화 수준이 낮고, 대부분 **❸** 에 종사한다. 산업 사회에서는 농업 사회보다 직업의 분화가 뚜렷하고 이는 정보 사회에서 더욱 두드러진다. 또한 농업 사회에서는 구성원의 접촉은 대부분 대면으로 이루어지며, 산업 사회에서 정보 사회로 변화하면서 **❹** 이 늘어나게 된다.

🔑 ❶ 농업 사회 ❷ 정보 사회 ❸ 1차 산업 ❹ 비대면 접촉

필수 선택지 위 자료에 대한 설명으로 옳으면 ○표, 틀리면 ×표를 하고 그 까닭을 쓰시오.

① 구성원 간 익명성은 A가 B보나 낮다. (   )
② 사회의 다원화 정도는 A>B>C이다. (   )
③ (가)에는 '사회 변동의 속도'가 적절하다. (   )
④ (나)에는 '가정과 일터의 결합 정도'가 적절하다. (   )
⑤ 지식 산업의 부가 가치 총량은 A가 가장 높다. (   )

🔑 ① ×(낮다 → 높다) ② ○ ③ ×(사회 변동의 속도는 정보 사회가 가장 빠름) ④ ×(가정과 일터의 결합 정도는 '농업 사회>정보 사회>산업 사회'임) ⑤ ○

문제 해결 전략
농업 사회, 산업 사회, 정보 사회를 구분하는 근본적인 기준은 주요 산업이다. 주요 산업에 따라 해당 사회의 특징도 파생되기 때문에 산업별 사회 구조의 특징을 연관짓는 문제가 주로 출제된다.

필수 유형

표는 A~C의 일반적인 특징을 비교한 것이다. 이에 대한 설명으로 옳은 것은? (단, A~C는 각각 농업 사회, 산업 사회, 정보 사회 중 하나이다.)

구분	비교 결과
A	정보 이용의 시·공간적 제약성이 B, C에 비해 크다.
B	2차 산업 비중이 C에 비해 낮다.
C	(가)

정보 이용의 시·공간적인 제약이 가장 큰 A는 **❶** 이다. 2차 산업 비중이 가장 높은 사회는 산업 사회이기 때문에, B는 **❷** 이고 C가 산업 사회이다.

필수 자료 해석

농업 사회, 산업 사회, 정보 사회를 구분할 수 있는 기준과 특징은 매우 다양하다. 구성원 간의 접촉 방식의 차이가 존재하고, 특정 산업의 비중도 차이를 보인다. 농업 사회는 **❸** 산업의 비중이 가장 높고, 산업 사회는 **❹** 산업을 중심으로 산업 활동이 이루어진다.

🗊 ❶ 농업 사회 ❷ 정보 사회 ❸ 1차 ❹ 2차

필수 선택지
A~C에 대한 설명으로 옳으면 ○표, 틀리면 ×표를 하고 그 까닭을 쓰시오.
① A는 C에 비해 직업의 동질성이 높다. (　　)
② A는 가정과 일터의 결합 정도가 B에 비해 낮다. (　　)
③ A는 구성원 간 대면 접촉이 비대면 접촉에 비해 높게 나타난다. (　　)
④ B는 C에 비해 관료제가 적합하지 않다. (　　)
⑤ B는 C에 비해 다품종 소량 생산의 비중이 높다. (　　)
⑥ B는 A에 비해 사회 변동의 속도가 느리다. (　　)
⑦ C는 A에 비해 구성원 간 익명성 정도가 낮다. (　　)
⑧ C는 확대 가족의 비중이 가장 높다. (　　)

🗊 ①○ ②×(낮다→높다) ③○ ④○ ⑤○ ⑥×(정보 사회의 사회 변동 속도가 가장 빠름)
⑦×(낮다→높다) ⑧×(C→A)

36 현대 사회의 변동 3

문제 해결 전략

저출산·고령화는 현대 사회의 대표적인 사회 문제 중 하나이다. 총부양비, 유소년 부양비 등 자료에 제시된 지표가 어떤 의미를 갖는지 파악하는 것이 가장 중요하다.

필수 유형

표에 대한 분석으로 옳은 것은? (단, t년에 갑국과 을국의 부양 인구는 동일하며, t+50년에 각각 2배로 증가하였다.)

구분	갑국		을국	
	t년	t+50년	t년	t+50년
총부양비	50	75	25	100
유소년 부양비	30	20	10	50

* 총부양비＝유소년 인구(0~14세 인구)+노인 인구(65세 이상 인구) / 부양 인구(15~64세 인구)×100

** 유소년 부양비＝유소년 인구(0~14세 인구) / 부양 인구(15~64세 인구)×100

*** 전체 인구에서 노인 인구가 차지하는 비율이 7% 이상이면 고령화 사회, 14% 이상 이면 고령 사회, 20% 이상이면 초고령 사회임.

t년에 갑국의 부양 인구 대비 노인 인구의 비율은 **❶** [ ] %이다. 총 부양비가 50인데, 유소년 부양비는 30이기 때문이다. 을국의 부양 인구 대비 노인 인구의 비율은 **❷** [ ] %이다. 두 국가의 부양 인구가 동일하기 때문에 t년의 경우 갑국의 노인 인구기 을국에 비해 더 많음을 추론할 수 있다.

필수 자료 해석

t년에 비해 t+50년의 부양 인구가 2배 증가하였기 때문에 t년의 갑국의 유소년 인구가 t+50년의 유소년 인구에 비해 **❸** [ ].

📋 ❶ 20 ❷ 15 ❸ 적다

필수 선택지

위 표에 대한 분석으로 옳으면 ○표, 틀리면 ×표를 하고 그 까닭을 쓰시오.

① 갑국의 경우 t+50년의 노인 인구가 t년에 비해 많다. (　　)

② 을국의 경우 t+50년의 유소년 인구가 t년에 비해 10배 더 많다. (　　)

③ t년에 갑국과 을국은 모두 고령화 사회에 해당한다. (　　)

④ t년에 갑국에서 부양 인구 100명당 노인 인구는 50명이다. (　　)

⑤ t+50년의 전체 인구는 갑국이 을국보다 많다. (　　)

⑥ 을국에서 t+50년에 유소년 인구와 노인 인구의 합은 부양 인구와 같다. (　　)

📋 ①○ ②○ ③○ ④×(50→20) ⑤×(많다→적다) ⑥○

> **문제 해결 전략**
>
> 저출산·고령화는 현대 사회의 대표적인 사회 문제 중 하나이다. 총부양비, 유소년 부양비 등 자료에 제시된 지표가 어떤 의미를 갖는지 파악하는 것이 가장 중요하다.

필수 유형

자료에 대한 분석으로 옳은 것은?

표는 갑국의 15~64세 인구(부양 인구) 100명당 각 연령대별 인구를 나타낸 것이다. 단, 15~64세 인구는 2020년이 1970년의 2배이다.

(단위: 명)

구분	1970년	2020년
0~14세 인구	20	20
65세 이상 인구	20	40

* 유소년 부양비＝(0~14세 인구 / 15~64세 인구)×100
* 노년 부양비＝(65세 이상 인구 / 15~64세 인구)×100
* 노령화 지수＝(65세 이상 인구 / 0~14세 인구)×100

1970년과 2020년의 부양 인구 100명 당 0~14세 인구수는 같다. 이 기간 부양 인구가 2배 증가했으므로, 실제 유소년 인구는 **❶**〔   〕 증가함을 추론할 수 있다. 같은 기간 동안 부양 인구 100명 당 65세 이상 인구는 2배 증가하였으므로 실제 노인 인구는 **❷**〔   〕 증가한 것이다.

필수 자료 해석

제시된 두 시점 간 유소년 인구와 부양 인구는 2배 증가하였고, 65세 이상의 인구는 4배 증가하였다. 따라서 노령화 지수는 **❸**〔   〕했음을 추론할 수 있다. 또한 유소년 부양비는 변화가 없고, 노년 부양비는 **❹**〔   〕 증가하였다.

📋 ❶ 2배 ❷ 4배 ❸ 2배 증가 ❹ 2배

> **필수 선택지**
>
> **위 자료에 대한 분석으로 옳으면 ○표, 틀리면 ×표를 하고 그 까닭을 쓰시오.**
>
> ① 노령화 지수는 1970년이 2020년보다 크다. (   )
>
> ② 두 시기의 유소년 인구 수는 같다. (   )
>
> ③ 두 시기의 유소년 부양비는 같다. (   )
>
> ④ 노년 부양비는 2020년이 1970년의 2배이다. (   )
>
> ⑤ 2020년에 부양 인구가 부담하는 노년 인구 부양 비용은 유소년 인구 부양 비용의 2배이다. (   )
>
> 📋 ① ×(크다 → 작다) ② ×(같다 → 2배 증가하였다) ③ ○ ④ ○ ⑤ ×(부양 비용은 알 수 없음)

개념 01 문화의 의미

(1) **문화가 아닌 것**: 유전적 요인에 의한 행동, 개인적인 습관이나 버릇, 본능적인 행동이나 ❶ [   ]으로 타고난 것은 문화가 아님

(2) **좁은 의미의 문화**: 고상하거나 세련된 것, 예술 활동이나 작품
    예 문화 시민, 문화인 등

(3) **넓은 의미의 문화**: 한 사회나 집단의 구성원들이 ❷ [   ]하는 삶의 방식 자체
    예 음식 문화, 청소년 문화 등

答 ❶ 선천적 ❷ 공유

개념 02 문화의 공유성, 학습성

(1) **공유성**
- 의미: 문화는 한 사회의 구성원이 공통적으로 가지는 생활 양식임
- 특징: 사회 구성원의 사고와 행동에 동질성을 형성하여 서로의 행동을 이해하고 ❶ [   ]할 수 있으며, 원만한 사회생활을 할 수 있게 해 줌
- 사례: 설날에 떡국을 먹어야 나이를 한 살 더 먹는다는 말을 우리나라 사람들은 자연스럽게 받아들임

(2) **학습성**
- 의미: 문화는 선천적·유전적으로 나타나는 행동이 아니라 ❷ [   ]으로 배우는 것임
- 특징: 사람만이 학습 능력을 갖고 태어나고 사회화 과정을 통해 그 사회의 문화를 익히며 살아감, 본능에 따른 행동은 문화가 아님
- 사례: 어린아이들이 부모로부터 말을 배워 사용함

答 ❶ 예측 ❷ 후천적

문화의 축적성, 전체성, 변동성

(1) 축적성

- 의미: 문화는 한 세대에서 다음 세대로 전승되고 시간이 지남에 따라 새로운 요소가 추가되기도 하면서 풍부해짐
- 특징: 문화가 발전할 수 있는 원동력이 되며, 인간의 문화를 다른 동물의 후천적으로 학습된 행동과 구별해 주는 기준이 됨
- 사례: 과거에는 밀가루와 이스트를 활용하여 단순한 형태로 빵을 만들어 먹었지만, 시간이 흐르면서 다양한 재료와 기법을 사용하여 빵의 종류가 풍부해짐

(2) 전체성(총체성)

- 의미: 문화는 독립적으로 존재하는 것이 아니라 **❶** [　　　　]으로 관계를 유지하며 하나로서의 전체를 이루고 있음
- 특징: 한 부분(요소)의 변동은 다른 부분(요소)의 연쇄적인 변동을 초래함
- 사례: 우리나라의 음식 문화는 우리나라의 기후, 조상들의 종교적 신념, 가족에 대한 전통적 관념 등과 연관되어 있음

(3) 변동성

- 의미: 시간이 흐르면서 기존의 문화 요소가 사라지거나 새로운 문화 요소가 나타나면서 문화의 형태와 내용은 끊임없이 변화함
- 특징: 문화는 **❷** [　　　　]의 것이 아님, 새로운 환경에 적응하기 위해 인간이 끊임없이 변화를 추구함으로써 나타남
- 사례: 예전에는 한복을 일상복으로 입었으나, 이제 일상복은 대부분 서양식 의복임

달 ❶ 상호 유기적 ❷ 고정불변

개념 04 문화를 바라보는 관점

(1) 총체론적 관점

- 의미: 문화의 각 구성 요소는 상호 유기적인 관계를 맺으면서 하나로서의 ❶ [ ] 를 이루고 있음
- 의의: 문화 현상을 부분적인 측면에서 바라봄으로써 편협하고 왜곡된 이해가 초래되는 것을 방지하는 데 기여함

(2) 비교론적 관점

- 의미: 각 사회의 문화는 ❷ [ ] 과 특수성을 지니고 있다는 점을 주목하여 서로 다른 문화의 비교를 통해 유사성과 차이점을 연구함
- 의의: 자기 문화를 보다 객관적으로 이해할 수 있음

(3) 상대론적 관점

- 의미: 각 사회의 역사적·문화적·사회적 맥락 속에서 해당 문화의 의미를 파악함
- 의의: 문화는 이해의 대상이므로 절대적인 기준을 가지고 특정 문화를 평가하는 것은 올바른 태도가 아님

답 ❶ 전체 ❷ 보편성

개념 05 문화 이해의 태도 - 자문화 중심주의

(1) 의미: 자기 문화만을 우수한 것으로 여기고 이를 기준으로 다른 문화를 ❶ [ ] 평가하는 태도

(2) 장점: 자기 문화에 대한 자부심을 높이고 집단 내 결속력을 강화함

(3) 단점: 자기 문화의 우수성만을 강조한 나머지 국수주의로 흐르거나 ❷ [ ] 로 변질될 수도 있음, 타문화에 대한 이해와 수용을 어렵게 함

(4) 사례: 중국인의 중화사상

답 ❶ 낮게 ❷ 문화 제국주의

문화 이해의 태도−문화 사대주의

(1) **의미**: 특정 국가나 민족의 문화를 ❶ [　　　　]한 것으로 여기고 추종하며 자신이 속한 집단의 문화를 낮게 평가하는 태도

(2) **장점**: 다른 문화의 좋은 점을 수용하여 자기 문화 발전에 도움을 줄 수 있음

(3) **단점**: 자신의 문화를 열등한 것으로 여기며 자기 문화의 ❷ [　　　　]을 상실할 수 있음, 고유문화가 소멸되거나 외래문화에 종속될 수 있음

(4) **사례**: 외국 상품에 대한 맹목적인 선호 사상

답 ❶ 우월 ❷ 주체성

문화 이해의 태도−문화 상대주의

(1) **의미**: 각 사회의 자연환경, 사회적 맥락에서 갖는 고유한 의미와 가치에 따라 그 사회의 문화를 이해하고 존중하려는 태도

(2) **장점**: 다른 문화를 바르게 이해함으로써 문화의 ❶ [　　　　]을 보존하는 데 기여함

(3) **단점**: ❷ [　　　　]로 치우칠 경우 인류의 보편적 가치를 훼손할 우려가 있음

답 ❶ 다양성 ❷ 극단적 문화 상대주의

하위문화의 의미와 특징

(1) **하위문화의 의미**
- 주류 문화: 한 사회의 구성원 대부분이 공유하는 문화
- 하위문화: 한 사회 내의 일부 구성원이 공유하는 문화

(2) **하위문화의 특징**
- 하위문화의 범주는 ❶ [　　　　]으로 결정됨
- 주류 문화에서 누릴 수 없는 다양한 문화적 욕구를 해결해 줌
- 전체 사회에 역동성, ❷ [　　　　]을 제공함
- 같은 하위문화를 공유하는 사람들에게 소속감과 유대감을 높여 줌

답 ❶ 상대적 ❷ 다양성

개념 09 반문화

(1) **의미**: 한 사회의 주류 문화에 ❶ 하거나 대립하는 문화

(2) **특징**: 어떤 문화가 반문화인지에 대한 규정은 시대나 사회에 따라 달라질 수 있음

(3) **기능**

- 순기능: 기존의 주류 문화를 대체하며 사회 변동을 가져오기도 하고 이를 통해 사회가 바람직한 방향으로 변화하는 데 도움을 주기도 함
- 역기능: 사회의 주류 문화와 대립하는 과정에서 ❷ 을 일으키기도 함

탑 ❶ 저항 ❷ 충돌

개념 10 대중문화의 의미와 특징

(1) **의미**: 한 사회의 대다수의 사람인 대중이 즐기고 누리는 문화

(2) **특징**

- ❶ 를 통해 형성되고 확산되는 경향이 있음
- 최근 인터넷을 통한 ❷ 매체이 비중이 커지면서 대중이 대중문화의 생산에 직접 참여하는 일이 많아짐
- 일상생활 속에서 손쉽게 접하고 자연스럽게 즐길 수 있다는 특징이 있음

탑 ❶ 대중 매체 ❷ 쌍방향

개념 11 대중문화의 순기능과 역기능

(1) **순기능**

- 과거 소수 특권층이 누리던 문화적 혜택을 ❶ 가 누릴 수 있게 됨
- 적은 비용으로 다양한 오락과 휴식을 제공함으로써 대중들의 삶을 풍요롭게 만듦

(2) **역기능**

- 문화의 ❷ 으로 인해 개인의 독창성과 개성이 쇠퇴될 수 있음
- 지나친 상업성 추구로 인해 대중문화의 질이 낮아질 수 있음
- 정치적 무관심 조장, 정보 왜곡 및 여론 조작 가능성이 있음

탑 ❶ 다수 ❷ 획일성

문화 변동의 내재적 요인

(1) **문화 변동**: 새로운 문화 요소의 등장이나 다른 문화 체계와의 접촉을 통해 한 사회의 문화 체계에 변화가 나타나는 현상

(2) **내재적 요인**: 한 사회 내부에서 ❶ [   ]을 초래하는 요인

(3) **종류**
- 발명: 그동안 존재하지 않았던 ❷ [   ] 문화 요소를 만들어 내는 것
  - 예) 전화기, 비행기 등
- 발견: 이미 존재하고 있었지만 알려지지 않았던 것을 찾아내는 것
  - 예) 불, 바이러스 등

답 ❶ 문화 변동 ❷ 새로운

문화 변동의 외재적 요인

(1) **외재적 요인**: 한 문화가 다른 문화와 교류하고 접촉하는 과정에서 새로운 문화 요소가 전달되는 문화 변동을 초래하는 요인

(2) **종류**
- 직접 전파: 이주, 무역, 전쟁 등을 통해 사람이 다른 문화와 직접 접촉하며 문화 요소가 전달되는 것
- 간접 전파: 텔레비전, 인터넷 등과 같은 ❶ [   ]를 통해 문화 요소가 전달되는 것
- 자극 전파: 다른 사회의 문화 요소에서 ❷ [   ]를 얻어 새로운 문화 요소를 만들어 내는 것

답 ❶ 매체 ❷ 아이디어

문화 변동의 결과

(1) **변동 요인에 따른 구분**
- 내재적 변동: 발명, 발견 등에 의해 등장한 새로운 문화 요소가 사회 구성원에 의해 수용되고 문화 체계 속에 확산되면서 나타나는 문화 변동
- 외재적 변동(문화 접변): 서로 다른 사회가 장기간에 걸쳐 접촉하면서 전파 등에 의해 문화 요소를 주고받는 과정이 이루어짐으로써 나타나는 문화 변동

(2) 자발성 유무에 따른 구분(문화 접변의 종류)

- 강제적 문화 접변: 정복과 같은 **❶** □□□□ 에 의해 수용자의 의사에 반하여 외부 사회의 문화 요소가 이식되는 문화 변동
- 자발적 문화 접변: 스스로의 필요에 따라 외부 사회의 문화 요소를 자연스럽게 받아들이는 문화 변동

(3) 변동 결과에 따른 구분(문화 접변의 결과)

- 문화 동화(문화 대체): 한 사회의 문화가 다른 사회의 문화로 흡수되거나 **❷** □□□□ 된 것
- 문화 병존(문화 공존): 서로 다른 사회의 문화가 한 사회의 문화 속에서 나란히 존재하는 것
- 문화 융합: 서로 다른 사회의 문화 요소가 결합하여, 두 문화 요소와는 다른 성격을 지닌 새로운 문화가 나타나는 것

답 ❶ 강제 ❷ 대체

개념 15 ## 문화 변동에 따른 문제점과 대처 방안

(1) 문화 변동으로 인한 문제점

- 전통적 규범과 가치관을 대체할 새로운 규범과 가치관이 정립되지 못하여 혼란과 무규범 상태에 빠지는 **❶** □□□□ 현상이 발생할 수 있음
- 물질문화의 변동 속도를 비물질문화가 따라가지 못하는 **❷** □□□□ 현상이 나타날 수 있음

(2) 문화 변동의 문제점에 대한 대처 방안

- 새롭고 다양한 문화 요소의 특징과 차이를 인지하고 문화 요소 간 조화와 공존을 위해 노력해야 함
- 문화 변동이나 새로운 물질문화에 적합한 사회 규범, 제도 등을 확립해야 함

답 ❶ 아노미 ❷ 문화 지체

개념 16 ## 사회 불평등 현상을 설명하는 이론

(1) 계급론(마르크스)
- 경제적 수단(❶   의 소유 여부)이 다른 모든 사회 불평등을 결정함
- 불연속적, 이분법적으로 계급 구분

(2) 계층론(베버)
- 경제적, 사회적, 정치적 요인 등 다양한 요인에 의해 사회 불평등이 발생함
- 계층화가 연속적으로 나타나며, ❷   현상을 설명하기 용이함

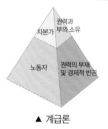

▲ 계급론

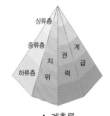

▲ 계층론

🔁 ❶ 생산 수단 ❷ 지위 불일치

개념 17 ## 사회 불평등 현상을 이해하는 관점

(1) 기능론
- 개인의 노력, 능력, 업적 등 사회 전체적으로 합의된 기준에 따라 희소가치가 분배됨
- 사회 불평등은 개인에게 ❶   를 부여하고, 사회가 효율적으로 작동하는 데 기여함
- 사회 불평등은 사회의 발전을 위해 불가피한 현상임

(2) 갈등론
- 권력, 가정의 사회·경제적 배경 등 지배 집단에게 유리한 기준으로 능력과 무관하게 희소가치가 분배됨
- 불평등한 계층 구조가 ❷   되거나 고착화됨으로써 사회적 갈등과 대립 관계가 형성됨
- 사회 불평등은 불가피하지 않으며 해결해야 할 현상임

🔁 ❶ 성취동기 ❷ 재생산

사회 이동

(1) 이동 방향에 따른 유형

- 수평 이동: 동일한 계층 내에서 다른 직업을 갖거나 소속을 옮기는 등의 이동, 계층적 위치의 변화 없음
  - 예 ○○고 교사 → □□고 교사
- 수직 이동: 한 계층에서 다른 계층으로 상승하거나 하강하는 이동, 계층적 위치가 변화 함, **❶** 과 하강 이동으로 구분됨
  - 예 ○○고 교사 → ○○고 교장

(2) 이동 원인에 따른 유형

- 개인적 이동: 노력이나 능력 등 개인적 요인에 의해 계층적 위치가 변화하는 이동, 계층 구조에는 변화가 없음
  - 예 ○○ 기업 사원 → ○○ 기업 사장
- 구조적 이동: 기존의 **❷** 가 변화하면서 개인이나 집단의 계층적 위치가 변화하는 이동
  - 예 (왕정의 폐지에 따라) 왕 → 평민

(3) 세대 범위에 따른 유형

- 세대 내 이동: 개인의 한 생애 내에서 나타나는 사회 이동, 한 개인이 사회에 진출하며 처음 가지게 된 지위와 중장년기의 지위를 비교하여 판단
  - 예 ○○ 기업 사원 → ○○ 기업 사장
- 세대 간 이동: 두 세대 이상에 걸쳐 계층적 위치가 변화하는 이동, 한 개인이 사회에 진출하기 이전의 부모의 지위와 그 개인의 중장년기 지위를 비교하여 판단
  - 예 부모 소작농 → 자녀 ○○ 기업 사장

답 ❶ 상승 이동 ❷ 사회 구조

개념 19 계층 구조 1 (계층 구성원 비율)

(1) 피라미드형 계층 구조
- 하층의 비율이 가장 높고, **❶ [　　　]** 의 비율이 가장 낮은 계층 구조
- 과거 전통적인 신분제 사회나 오늘날의 저개발국 등에서 주로 나타나며, 하층의 비율이 높아 사회 안전성이 낮음

(2) 다이아몬드형 계층 구조
- 중층의 비율이 상층 비율 및 하층 비율보다 높은 계층 구조
- 산업 사회에서 주로 나타나며, 현 상태 유지를 지향하는 **❷ [　　　]** 의 비율이 높아 사회 안전성이 높음

▲ 피라미드형 계층 구조

▲ 다이아몬드형 계층 구조

개념 20 계층 구조 2 (계층 이동 가능성)　　　답 ❶ 상층 ❷ 중층

(1) 폐쇄적 계층 구조
- 계층 간 이동이 엄격하게 제한된 계층 구조
- **❶ [　　　]** 지위가 중시되며, 신분제 사회에서 주로 나타남, 동일 계층 내에서의 수평 이동만 나타남

(2) 개방적 계층 구조
- 계층 간 이동 가능성이 열려 있는 계층 구조
- 성취 지위가 중시되며, 근대 이후에 확산됨, 수평 이동, **❷ [　　　]** 이동 모두 자유롭게 나타남

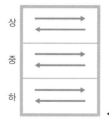
◀ 폐쇄적 계층 구조

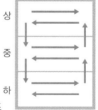
◀ 개방적 계층 구조

답 ❶ 귀속 ❷ 수직

계층 구조 3 (정보화 사회의 계층 구조)

(1) 타원형 계층 구조

- 계층 간 소득 격차가 감소하여 중층이 대다수를 차지하는 계층 구조
- 정보화로 기존에 하층이었던 사람들이 중층이 될 기회가 많아져 **❶**⎵⎵⎵⎵⎵⎵의 비율이 높아짐
- 중층의 비율이 높아 사회 안정을 실현하는 데 유리함

(2) 모래시계형 계층 구조

- 중층의 비율이 가장 낮고 소수의 상층과 다수의 하층으로 구성되는 계층 구조
- 정보 격차, 부의 집중 등으로 인해 중층의 비율이 현저히 낮아지며, 사회 **❷**⎵⎵⎵⎵⎵⎵ 문제가 심각하게 나타남

▲ 타원형 계층 구조

▲ 모래시계형 계층 구조

目 ❶ 중층 **❷** 양극화

개념 **22** **계층 구조 및 이동의 분석**

(단위: %)

구분		부모의 계층			계
		상층	중층	하층	
자녀의 계층	상층	10	6	4	20
	중층	8	20	22	50
	하층	2	4	24	30
계		20	30	50	100

표는 부모와 자녀 세대의 계층을 상층, 중층, 하층으로 구분하여 계층 이동 및 구성 현황을 나타내고 있다. 부모 세대의 경우 하층의 비율이 가장 높은 피라미드형 계층 구조, 자녀 세대의 경우 중층의 비율이 가장 높은 **❶**⎵⎵⎵⎵⎵⎵ 계층 구조이다.

부모에서 자녀로 계층이 대물림된 경우는 부모 세대 상층-자녀 세대 상층이 전체의 10%, 중층-중층이 전체의 20%, 하층-하층이 전체의 24%이다. 하강 이동을 한 경우는 상층-중층이 8%, 상층-하층이 2%, 중층-하층이 4%이다. 반면, 상승 이동을 한 경우는 중층-상층이 6%, 하층-상층이 4%, 하층-중층이 **❷**⎵⎵⎵⎵⎵⎵이다.

目 ❶ 다이아몬드형 **❷** 22%

사회적 소수자

(1) 사회적 소수자: 신체적 또는 문화적 특징으로 인해 불평등한 처우를 받는 사람들

(2) 특성
- 수적으로 반드시 ❶ [   ]를 의미하는 것은 아님
- 소수자 집단의 구성원이라는 이유만으로 사회적 차별의 대상이 됨
- 주류 집단에 비해 사회적 자원(권력, 재산 등)의 획득에서 불리한 위치에 있음
- 자신들이 ❷ [   ]받는 집단의 구성원이라는 인식이 존재함

(3) 사회적 소수자의 성립 요건
- 식별 가능성: 신체적 또는 문화적으로 다른 집단과 구별되는 뚜렷한 차이를 가짐
- 권력의 열세: 정치권력을 포함한 사회적 권한을 행사함에 있어 주류 집단에 비해 열세에 있음
- 사회적 차별: 소수자 집단이라는 이유만으로 차별의 대상이 됨
- 집단의식성: 스스로 차별받는 집단의 성원이라는 인식 또는 소속감을 가짐

目 ❶ 소수 ❷ 차별

빈곤의 유형

(1) 절대적 빈곤
- 의미: 인간이 최소한의 생활을 유지하는 데 필요한 자원이나 소득이 부족한 상태
- 특징: 절대적 빈곤은 주로 저개발국에서 두드러지게 나타나며, 선진국에서도 나타날 수 있음
- 기준: 우리나라는 가구 소득이 ❶ [   ] 미만 가구를 절대적 빈곤 가구로 분류함

(2) 상대적 빈곤
- 의미: 다른 사람들보다 자원이나 소득을 상대적으로 적게 가져 사회 구성원 다수가 누리는 생활 수준을 누리지 못하는 상태
- 특징: 소득 격차가 심한 나라에서 국가에서 부각되며, 선진국에서도 나타남
- 기준: 우리나라는 가구 소득이 중위 소득의 ❷ [   ] 미만인 가구를 상대적 빈곤 가구로 분류함

目 ❶ 최저 생계비 ❷ 50%

사회 보장 제도

(1) 사회 보험

- 의미: 사회적 위험을 보험 방식으로 대처함으로써 국민의 건강과 소득을 보장하는 제도
- 특징
  - 사(私) 보험과 달리 강제 가입을 원칙으로 함
  - ❶ [   ]의 원리를 기반으로 함
  - 각자의 경제적 능력에 따라 비용을 부담함
  - 사전 예방적 성격이 강함
  - 금전적 지원을 원칙으로 함
- 종류: 국민 건강 보험, 국민연금, 고용 보험, 산업 재해 보상 보험, 노인 장기 요양 보험 등

(2) 공공 부조

- 의미: 생활이 어려운 국민의 최저 생활을 보장하고 자립을 지원하는 제도
- 특징
  - 국가와 지방 자치 단체의 재정으로 소요 비용 전액을 부담함
  - 사회 보험보다 소득 재분배 효과가 큼
  - 사후 처방적 성격이 강함
  - 금전적 지원을 원칙으로 함
  - 대상자 선정 과정에서 부정적인 낙인이 발생함
- 종류: 국민 기초 생활 보장 제도, 의료 급여 제도, 기초 연금 제도 등

(3) 사회 서비스

- 의미: 보건 의료, 복지 등의 서비스를 통해 국민의 삶의 질이 향상되도록 지원하는 제도
- 특징
  - ❷ [   ] 지원을 원칙으로 함
  - 국가와 민간 부문 모두 복지 제공에 참여 가능함
  - 부담 능력이 있는 경우 수익자 부담을 원칙으로 함
- 종류: 간병 방문 지원 사업, 신생아 건강 관리 지원 사업, 발달 장애인 부모 심리 상담 지원 사업 등

답 ❶ 상호 부조 ❷ 비금전적

개념 26 **사회 변동 방향을 기준으로 사회 변동을 설명하는 이론**

(1) 진화론
- 사회 변동은 일정한 **❶**[   ](진보와 발전)을 가지고 있음
- 사회는 유기체와 같이 단순한 형태에서 복잡한 형태로 발전함
- 개발 도상국이 근대화 과정을 거쳐 선진국으로 발전한 사례를 설명하기에 적합함

(2) 순환론
- 사회는 생성, 성장, 쇠퇴, 해체의 과정을 **❷**[   ]함
- 역사 속에서 반복되는 사회 변동의 설명에 유용함
- 미래 사회의 변동을 예측하여 대응하는 데 적합하지 않음

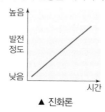
▲ 진화론

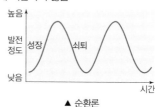
▲ 순환론

답 ❶ 방향 ❷ 반복

개념 27 **사회 구조적 측면에서 사회 변동을 설명하는 이론**

(1) 기능론
- 사회 변동은 사회의 부분이나 전체가 일시적 불균형을 극복하고 새로운 **❶**[   ] 상태를 찾아가는 과정임
- 점진적인 사회 변동을 설명하는 데 유용하지만, 혁명과 같은 급진적인 사회 변동을 설명하기 어려움

(2) 갈등론
- 사회 변동은 피지배 집단이 **❷**[   ]을 유지하고자 하는 지배 집단에 저항하는 과정에서 발생하는 현상으로 자연스러운 현상임
- 사회 구조적 모순과 갈등으로 인해 발생하는 급격한 사회 변동을 설명하기 용이하지만, 사회 변동을 갈등과 대립의 측면에서만 파악함

답 ❶ 균형 ❷ 기득권

사회 운동

(1) 사회 운동: 자신의 신념과 가치를 실현하기 위하여 다수의 사람들이 자발적으로 하는 ❶⬜⬜⬜⬜⬜ 이고 지속적인 행동

(2) 사회 운동의 특징
- 목표 달성을 위한 구체적인 활동 방법과 계획이 있음
- 목표와 활동 방향을 정당화하는 ❷⬜⬜⬜⬜ 을 가지고 있음
- 활동을 위한 체계적인 조직을 갖추고 있고, 구성원 간 역할 분담이 이루어짐

(3) 사회 운동의 유형
- 복고적 사회 운동: 과거의 사회 유형으로 회귀 추구
- 개혁적 사회 운동: 특정 부분에 대한 개혁을 추구
- 혁명적 사회 운동: 사회 구조의 근본적 변화 추구

🔲 ❶ 집단적 ❷ 이념

정보 사회

(1) 정보 사회의 특징
- 부가 가치 창출의 원천으로서 지식과 ❶⬜⬜⬜ 가 중시됨
- 재택근무의 확산으로 가정과 직장의 통합이 확대됨
- 사이버 공간을 통해 비대면 접촉이 증가함
- 직접 민주 정치의 실현 가능성이 증가함
- 인터넷 기반의 ❷⬜⬜⬜ 통신 매체가 발달힘
- 탈관료제화로 의사 결정의 분권화 경향이 나타남

(2) 정보 사회의 문제
- 정보 격차로 정보에의 접근 및 이용에 차이가 나타남
- 개인 정보 유출, 저작권 침해 등의 사이버 범죄가 발생함
- 대면 접촉 감소에 따른 피상적 인간관계 확산으로 인간 소외 현상이 나타남

🔲 ❶ 정보 ❷ 쌍방향

memo

수능전략 | 사회·문화

수능에 꼭 나오는
필수 유형 ZIP 2